U0139242

文學叢刊之五十九

清大有種會啄人的鳥

沈定濤著

文史哲出版社印行

國立中央圖書館出版品預行編目資料

清大有種會啄人的鳥 / 沈定濤著. -- 初版. --
臺北市 : 文史哲, 民８５
面 ;　公分. -- (文學叢刊 ; 59)
ISBN 957-547-995-5(平裝)

855　　85001158

文學叢刊 59

清大有種會啄人的鳥

著者：沈定濤
出版者：文史哲出版社
登記證字號：行政院新聞局局版臺業字五三三七號
發行人：彭正雄
發行所：文史哲出版社
印刷者：文史哲出版社
台北市羅斯福路一段七十二巷四號
郵撥〇五一二八八一二彭正雄帳戶
電話：三五一一〇二八

實價新台幣二六〇元

中華民國八十五年二月初版

版權所有・翻印必究

ISBN 957-547-995-5

清大有種會啄人的鳥 目次

卷一 清大有種會啄人的鳥

卷二 橄欖葉子

卷三　瓜瓞綿綿

卷四　雨中的杜夢灣

卷一　清大有種會啄人的鳥

〈如果還有明天〉

生命必被熱愛與尊重

正值歌詠生命之年齡，但卻已不在人間的這位青春年少，爲的是什麼？

初次驚聞工學院一大三學生自殺時，我卻有淡淡的傷感與不解——想着應正值歌詠生命之年齡，但卻已不在人間的這位青春年少，為的是什麼？少年十五二十時，青春不正是磅礴洋溢，澎湃如潮的活力與盎然的生意嗎？

剎那間聽到了這個事實，但僅稍縱即逝，未再有人談起，沒幾天的工夫，也就將其視同其他層出不窮意外事件中之一件，便漸漸淡忘了，不曾再在我心中落腳與低徊。

五月下旬的黃昏時刻，和幾位同事漫步回家，在近處的竹湖清澈如鏡，遠處的十八尖山亦恬淡如詩。一位同事非常難過的訴說着她非常喜愛的一位學生，也就是工學院的那位同學，用自己的方法提早結束自己年輕的生命。她幽幽地提到他這學期在修她的課及他的聰穎、脱俗外，他並擁有一雙慧黠、令人難忘的鳳眼。她還曾和她先生慶幸着：「真好，目前雖無自己的孩子，但別人生個這麼好的兒子，讓我們來享受，何其幸運！」

最叫這對教授夫婦痛心與不捨的是，在鳳眼少年臨走前一天，他還和其他同學去過他們家歡聚，彼此相談甚歡。當晚曲終人散之際，也就是他騎着摩托車，義無反顧正赴「死亡約會」的時候。她又生氣，又難過。生氣的是，他怎麼可以這樣不告而別就走了；難過的是，師生才剛剛開始有着了解與相遇相知的感覺時候，他卻驟然消失得無影無蹤，這份「難捨」與「失落」更加刻骨銘心。一路上所聽聞的是，如果為人師者能在課堂上或課餘稍加用心留意及課外及時開導，此一悲劇是否可避免？或最起碼可試試看？

真正讓我震駭的是他是有計劃，事先預備好的。怎麼說？他把所有的證件、身分證都全毀了。他選擇了一個海濱，把自己身軀拌在一塊大石頭上，以求身沈海底，永不浮出，永不被人找着。真正的從世界上消失得無影無蹤。如此的安排是悲壯？浪漫？淒美？抑或酸楚？

從未謀面，也不知他長得是何模樣？只聽旁人講起他有一雙鳳眼。而我教的一班剛好有位學生也有一雙鳳眼，於是，我把學生的鳳眼想像成他的，但其他輪廓則一無所知，無法拼湊完整。也就是這雙想像中勾繪出的鳳眼，曾幾何時，不時的繫住我的縈思。有時，午餐後，我會游盪在竹湖邊的榕樹道上，縈繚腦際卻是他在最後那瞬間掙扎時，所想的是什麼？靈魂是否像蛾自蛹中蜕出，脱離了萬般痛苦，栩栩然飛向虛無？還是經歷了前所未知更深的恐懼？也想問他：「這就是你所要的？」

在一個好風如水，清景無限的初夏星期日早晨，坐在信義神學院的教堂裏做禮拜。當天證道的題目是「生命與救恩」。會眾隨着伴奏的琴聲口唱着：「在神眼中，億萬年恍若人間隔宿，恍若初聞子夜鐘聲，轉瞬東方日出……時間正似大江流水，浪淘萬象眾生，轉瞬飛逝，恍若夢境，朝來不留餘痕。」之後的啓應文也唸着：「我們沒有一個人為自己活，也沒有一個人為自己死……」。午後，在研究室裏忙一些期末雜事。隨手放了一卷手提錄音帶，無意間聽到這首校園歌曲「你是恆久的歌／給史懷哲」，其中有一段歌詞唱道：「……你說生命必被熱愛，你說生命必被尊重……。」這一天的上午也好或下午也好，那雙假想中深邃、憂傷、倔強、慧黠的鳳眼，不時浮現在我的腦海裏。

自從知道這麼一個我所謂的悲劇後，身為教師工作者的我，不但無端莫名傷感起來，確實也平添了些許的愁悵與自我反省。曾經試着揣摩他可能走過的心路歷程；猜想着他是否曾在某一角落裏，心靈被痛苦煎熬，而暗自淚流滿面？而心生不忍。韓愈認為教師的最高理想是傳道、授業、解惑；其中想必也包括了對學生的生活態度及健全人格之培養，應有某種程度的貢獻或協助。

逝者已矣，來者可追。珍惜活着的學生，或許還更實際些。教師並非完美無缺，學生亦非純潔永遠，重要的是，師生同走人生路其中一段的時候，在相互互動關係中，彼此相互學習與成長。

仍未忘記梭羅在「湖濱散記」中着有「訪客」一篇。文章中，他提到，在他的房子裏有三把椅子；一把給了孤獨，一把給了友誼，另一把則給了社會大眾。而在我的研究室裏，除了自用的桌椅外，仍有一把原色的高藤椅、兩把棕色的沙發椅及一把電腦桌邊的藍色旋轉椅。我願意將這四把椅子都留給我的學生們。期許自己的工作不但是課業方面的輔導，如有可能，在學生生活方面心靈之疏導及溝通有所助益，或只是做他們的好聽眾，以紓解他們不平之氣，吾乃往矣！

另一方面，如果就算是個人魅力不夠，門可羅雀，我想，我還是要時時提醒自己，常常拂去椅子上的塵埃，準備自己的心，隨時等待學生的需要。無非在退休之日時，盼能達到保羅在提摩太後書中所說的境界：「……當跑的路我已經跑盡了，所信的道我已經守住了……。」

竹湖

新竹初夏的午後，我們正在上英文課。師生近五十人，塞在新生館二〇三教室裏，滿是燠熱難耐、昏昏欲睡。天花板上六盞掛扇，嗡嗡作響的不停吹着熱風。學生們聚集一室，當然也匯納了眾球鞋味、汗味。教室左面整排的鋁窗，雖然也是全敞開着，卻是平靜無風，招納不了任何涼風入室。

隔壁活動中心大樓與新生館間的一排大樹，其深深的綠意亦無法遣散那股悶塞遲鈍的景況及空間。

此時，總之，心靜也無法自然涼。

進入眼簾，全班的學生固然頗像巍巍然端坐着，安靜的在聽我嘶聲力竭和六盞電扇全部啓動的聲響比大聲，幾乎吼叫的講解一些相關重要的英文文法與寫作範例，但我心知肚明，事實上，骨子裏我們不過是在一個眼光遲滯、了無生趣、拖死狗般無奈的場景罷了。

俄頃間，異想天開的告訴自己，何不把眼前可憐的學生們，牧放到新生館邊我常流連、優遊的竹湖畔，出去透透氣？

又俄然間，躍出一位老師的臉，猶記在一次閒聊中，其略帶批判的語氣談到以前一位老師，有次，居然讓學生們在室外上課。

回頭看看課堂裏悶着頭，略顯無精打采聽課的學生一眼，終於下定決心，把心一橫，我這次要不按常理出牌，放學生去湖邊上一次課。學生們今天的確看來太悶熱啦！

不久，第一堂下課鈴聲乍響。我適時的做了一個收尾，並宣佈說：同學們，今天下午太熱了，教室內又沒有裝冷氣，電扇也吹不涼。剛才看到你們散渙、無法心力集中的神態，於是下堂課，我們將在竹湖邊振吾亭附近的青草地上上課。不過注意，戶外上課僅此一次，下不為例。十分鐘休息後，大家在那集合。好，現在下課。

二

走出新生館，經過管理學院，學生們三三兩兩輕快談笑着，走向竹湖。

本來打算讓學生們坐在高低輕斜有緻的綠色斜坡草地上，而我站着繼續講課。

結果，出其不意，我們看上了要踏進振吾亭其五排由高往低的水泥台階。

振吾亭，基本上，是一座由數枝水泥圓柱圍繞形成，呈圓型露天的涼亭。水泥掏空圓頂架上，爬滿不少纏繞四週的藤枝植物。亭中，有一個圓形低窪的水池。池內，不難見數尾大肚魚嬉戲其間。池的中央，聳立了一座圓形粗壯的水泥水柱。嘀嘀嗒嗒的流水，永不止息的自柱頂輕落而下，滴在池面，滴在人們的心耳裏。

學生們面對竹湖，排排坐滿了石階。至於我，則反方向站着，面對一片近榕遠松及他們，準備開講世界語言史上，影響人類深遠的印歐語系的歷史、分佈與演進。

放眼户外：綠影婆娑，草木生意，輕風拂面，混合着樹香與草香的甜美、清新的空氣，林間樹梢或低空掠過吱喳小鳥的清脆鳴聲，一潭鬱鬱墨綠顏色秀色無比的竹湖，湖面反映出的青天及湖心漣漪陣陣。

的確，我們身處在一個光的世界，水的世界，璀燦奇麗、新天新地的世界裏。陽光之下，非天花板之下的學生們，了然於心明顯的變化了，改變了。

這時候，他們彷如驅散了困倦，自疲憊中蘇醒，原先的空茫瞬息退逝。張張年輕的臉蛋兒，洄漾着朗潤及明淨瑩澈如湖水般的神色，心神更是不停閃爍着原屬於青春、歡愉、淘氣的神氣，一臉陶然。

餘光，忽覺有雙着球鞋的脚，在左斜上方踴跳。

仰臉一看，一位男同學竟已安然坐在近兩公尺高，又刻有「振吾亭」三字的水泥棋門上。雙腳輕輕鬆鬆、一前一後踢愰着，自得其樂。

首先，每星期的小考，逃不了。即使在户外，學生們亦得用書本或書包暫充墊底的東西，拿出筆來應考。

一個小時前，我在教室裏，和電扇比大聲的在講課。一個小時後，在竹湖畔，我依舊需拉高嗓門又吼又叫的上課，這次的對象，不是電扇，卻是時來灌耳的風聲。

講到一半，後面幾排有幾位男同學蠢蠢欲動，眼光游移不定。順着他們的眼光望去，原來瞧見右側方有兩位頭披飄飄秀髮的美女，鶯聲燕語的路過，正走向前側方。

原來如此。

故意輕咳一聲説着：「同學們，看歸看，課還是得聽！」

一眨眼的工夫，我移動來到第一排的左前方，繼續講課。

不料，清晰聽到最前面最左邊的一位男同學，丟來幽幽一句：「擋到了！」

二

只要我在校園裏，我常駐足竹湖。

不論是心情紊亂、或愁緒灰黯、或生活中的繁瑣擾人，我都會情不自禁的走向湖光粼粼的竹湖。

挨近湖邊，躑躅於湖岸小徑，鬱悶或困倦均會自自然然的隨風消散；嘈雜躁亂的心緒，也會漸近平和的紓解開來。

只要我在校園裏，我常佇足竹湖。

快樂的時候，我當然也會毫不躊躇的奔向竹湖。

親近湖畔，癡看湖面上的浮雲，一顆跳躍的心扉，益顯燦爛、飄逸。

三

幸運的是，就算沒空親自走它一遭竹湖，我依然可以在二樓的研究室內，悠閒自在的憑窗遠眺、俯視竹湖的一景一物。

細雨下、急雨中或驟雨後的竹湖，照樣令人悠然神往於它的水霧或煙靄茫茫，它的清新純淨，它的無塵。

日夜晴雨，只要看到來到竹湖，所屬紅塵的溷濁與滾滾塵煙，定會悄然消散的無影無蹤。不留俗慮，僅留寧靜的胸懷。

四

人類中的文學家們，有因對田野、山嶺、河川或湖泊的全愛，不分夏冬，日夜時時觀察及出神的凝看着自然的千變萬化。

他們深融於自然。他們可以不但清楚知道自己在林間、小徑、雪中的方向，不致迷路，而且可以揣測，先前，什麼樣的動物，在他們路過的道路上，曾踏過留痕。

他們將一些和自然聯結的花鳥山川湖河，埋在他們的心懷。

由於他們靈性的溫柔、易感的觸角，他們擁有了詩情、詩意的泉源。

人類的文學家們的耳目，可能為湖泊的天籟而豎，他們的眼目，可能為湖泊四季變化及其奧妙深廣之至美而開。於是乎，手捻飄逸的妙筆，着意描摹湖泊之奇。

人類的哲學家們，或者築屋居住某一湖畔，並用敏銳深刻的觸覺，使經由對自然的觀察入微、細心思考研究，終尋獲出宇宙的自然法則。此法則之意境，超越、化生了哲學的神味。進而成為真理的發言人及實踐者。

五

我，不是什麼文學家，也不是什麼哲學家。

竹湖，亦不是什麼了不起的湖泊。它既沒有鯨波萬里的壯闊，更沒有花花世界，所帶來誘人的彩澤。

它僅是校園一隅，一個不甚起眼、少人垂青的小湖而已。

稱之為「湖」，怕是太抬舉它了。稱為「塘」，反倒較貼切。

師生甚少踏至竹湖，尋幽探訪。

又甚至在一個午日，沿着湖岸散步。驚愕懈逅一條盤纏一團、迎面昂首吐信的響尾蛇。

重要的是，竹湖四週，確是在整個校園中，唯一少有的林木蔥蘢、水天一色、超出塵表之地。

它是在校園中，唯一可在下雨天，喜見一隻白鷺鷥，澹泊明志，自由自在，獨來獨往的地點。

有時，真想在那煙雲縹緲的霏霏細雨中，撐篙撥槳，劃破湖水，划向彼岸，欲與那隻落單的白鷺鷥為友。

倏忽間，另想到，還是不去打擾那隻寧為孤獨的鷺鷥吧！

它是校園中，唯一可縱容、采納我無限的幻思；隨着聯想的羽翼，縱情盡情馳騁於無限長闊與高深的想像空間。

更多的時候，我會不期的造訪竹湖。為的是除了寄情外，深盼能尋找、撿拾那遺落已久的文心。

竹湖的出塵、無爭；其宛如朝露般的單純、澄明與悠然清境，在在牽領着我的心靈，常常棲息其畔。

那一抹青碧，那一泓翠碧的水，那一陣天籟，有如高山流水般，深遠的自心幕底迴響不絕。

頑皮

正午，清大小吃店裏的水果攤，擠滿了購買新鮮水果與新鮮果汁的人潮。帶了一袋剛買十塊錢一袋的芭樂汁，信步走到昆明湖畔。在昆明湖地勢較高的上湖和約一公尺左右落差的下湖之間的小橋上，藉由喝飲料的吸管，悠哉不忙的，嘴裏吸吮着天然清香的果汁，身體、心靈放鬆地貪享着午休時間，暖暖的秋陽。

來回四處觀望，閒雲下湖水兩畔稍有野趣的松林、草地。

陽光下平靜的湖面如鏡，透散安逸。

無意識的低頭觀賞由上湖流向下湖的湖水，不經意，在上湖的湖面上，發現上、下兩湖臨界點上，有幾條尺寸短小的小魚。

無聊、無心的留意着，看似即將被流水順沖下約一公尺落差下的下湖，小魚兒們僅稍稍用力一蹬，尾巴輕甩幾下，身體就馬上安然無恙，逆游回到上湖安全地帶，毫無被流水沖到下湖之憂慮。

這下，我精神可來了，盯住方才那條小魚，不料，它又是膽大包天、大無畏的故意游來到有被沖至下湖的危險交點邊緣，又是再屁股一閃，一溜煙的又是平安無事。

據觀察一段時間，發覺不只一隻，有好幾隻小魚，都是這麼來來回回，不嫌危險不嫌累的好奇與奮玩耍着。

注視了好一陣子，詫異，沒見半隻曾路過昆明湖時，目擊不少成堆成群大魚的影子。大魚們怎麼不玩這種遊戲？

不自禁搖頭嘆道：你們這群「調皮」的小魚兒！

跨過秋霜冬寒，大地又是春暖花開，春色無邊的景像。

嚮午，忙裏偷閒，從研究室散步到竹湖邊，欲舒筋活血個夠。

眺望竹湖，被低空飛翔的鳥鳴聲吸引住。

他們幹嘛在湖心上空，頻傳吱喳聲？

無聊無意的張望着一群，體積較一般常見鳥類較小的小鳥們。

不一會兒的工夫，才看清鳥兒們不但正在湖面的低空上盤旋不停，一隻小鳥，會驀然自空中俯衝、碰觸水面，蕩起陣陣水漣漪後，再展翅歸隊。另一隻，不久，也做同樣的動作，沒完沒了，狀似快樂的小鳥們，個個樂此不疲。

幾乎可以肯定的是，他們不是企圖在追啄湖中的游魚為食，因為他們自成一種圓形，規則飛行的圓圈及輕觸湖面，皺起水紋，並歸隊於原先的隊伍。

偶爾吱吱喳喳的鳥兒的鳴叫聲，我猜想可能是他們爭先恐後的想玩戲水遊戲，而發出：「該我了啦！」的請求聲。

我不見任何體大頭大尾長的大鳥，加入他們的行列。

「頑皮愛玩的小鳥！」心領神會，像似懂得他們的語言，看穿他們玩的遊戲，搖頭撲嗤脫口而出。

有天下午，在臺北和朋友們喝茶聊天。

年紀四十五、六歲的一位女教師說，人年紀稍長，是不是對什麼事都帶不起勁來了？

你看，我年輕的時候，是高中保送臺大。在國外時，二十多歲不到三十歲就拿到博士學位。那時期，生活也曾充滿了活力，對事業、研究、愛情、旅行、朋友等樣樣都好奇、起勁，願意且隨時機動準備好武裝自己，接受任何的挑戰。工作的地點，更是隨心所欲，從芝加哥跳槽到加州，又轉到東岸，工作的職等，也終爬至位居策劃主管級的人物。

但是，現在，我是玩的興緻不高，升等教授一事，不覺有任何必要與重要，離婚的我，也不想再婚，只想平安、寧靜如此而已。

講完後，她爽朗的大笑幾聲，接着又說：

記得以前在美國時，我和我當時的先生養了一隻貓。

貓兒是出生沒多久，就來到我們家。我們小心翼翼的呵護、照顧它長大。貓兒小時，蠻頑皮的。生命力與好奇心都非常活躍、旺盛。比方說，小貓常獨自一人玩小皮球、玩毛線糰、或任何一種玩具或東西，它都玩得非常開心、滿足。甚至我的幾根手指頭，小貓也可以仔細研究、玩的興高彩烈，趣味盎然。

貓和人一樣與任何生物一般，有年幼的童年，有成熟的壯年，有衰老的老年。時光流轉，幾年之間，小貓轉變成老貓時，它變成對什麼都沒有興趣了。任何玩具與事物，都引不起它的熱情與樂趣。

成天蹲坐在窗檯上，懶洋洋的呆望着窗外，一動不動。

你叫喚着它，老貓總是無動於衷，瞧也不瞧你一眼。

那位女老師又是一陣大笑，在笑聲方竭時又說：

就心態而言，我看我現在不折不扣是隻老貓囉！

話說回到我目前教課的情形。

近年的觀察是，男同學多的大一新生班級科系，班上總有幾個頑皮活潑的學生，常惹得全班師生大笑。

三年前，在臺北一所天主教大學教課「英語語言史」時，班上大都是女同學，僅有四位男同學點綴其間。憶起當時上課的情形，不外按步就班、循規蹈矩，一路教下來，倒也相安無事。

現在在一所以理、工學院為主，且大都以男同學比例為高的大學裏教課。

開選修課以大二、三、四為主，不論男、女，均和前述臺北那所大學的上課情形相似，少有笑鬧場。

但是說到必修大一英文課時，就常常演出令全班哄堂、啼笑皆非的場景與劇碼，其隨時都有引燃、爆發的可能。

譬如，去年教大一英文的一個系，全班五十人，女同學才有兩位寶而已。其他的系，最多的，一班也僅有七、八位女同學而已！

高中剛畢業，甫進大學的大一男同學中，就如前述，一班總有幾位活躍、頑皮的同學，在課堂中偶出驚人之語或演出，博君一笑。

常見第四臺有線電視DISCOVERY頻道上，幼小動物的頑皮。

固然，對回家的嚮往與心情，萬物皆然。事實上，頑皮，亦是萬物皆然。

去年二月出了一本新書。為此，應邀至臺北師大路的錄音工作室，錄製二月十六日播出的中廣流行網早上十一時至午時的「美的世界II」獨白部份。

進入錄音室，和控制室的工作人員照面，看他的手勢，準備錄音。靈機一動，我問一旁的約訪者張小姐，我可否在空中和聽眾朋友們談「頑皮—萬物皆然」嗎？

得到了允許，我隨與侃侃而談小魚兒、小鳥、大一新生們的頑皮與朝氣。

節目播出後的一個星期，在辦公室裏，收到一封從臺中仁和路寄來，筆跡清秀陌生的來函。

「本人係於二月十六日經收音機聽到你在中廣節目中提到了「頑皮」的題材，令我感到些許近似的共鳴……我是一位音樂教師，近來與我的教授正積極合寫一本有關音樂教育方面的書，給臺灣的家長及音樂教育者。那天寫稿之際，乍聽收音機中你那二則（指小魚、小鳥）「頑皮」的題材，激發了我一些靈感。更巧的是，昨天在我的音樂班上，一堂音樂欣賞錄影帶教學中，就有一幅畫面是一群雁鳥，可愛的自湖面輕盈飛過，此時的音樂，也配着那所泛起的漣漪，呈現輕快的旋律。這時，有一名小朋友突然問：咦！它們怎麼不會掉到水裏去？一個很可愛，很自然的直覺反應，這令我想到了你的「頑皮」例子。之所以會予以共鳴，係覺得，現在很少人會有較悠閒的心境，去靜靜觀察、體會身邊的每件具「生命力」的情景！很幸運的能分享到你短短幾分鐘的談話內容……神思一至逕自走筆，望未太冒昧，謹致給你這位「注重生活」的教育者！」

真難去將「頑皮」一詞定義的精準無失！

頑皮一定要年紀小，年紀輕嗎？難道沒有老頑童？就算有，可能為數不多吧！

某個星期一下午第三節，我安排大一英文全班學生到圖書館內，去聽參考室主任傳授「如何使用圖書館的資料」一堂課。

主任帶領着一大群同學們，參觀及解說位於二樓期刊室的館藏與使用方法後，直向三樓爬去。

我殿後像極一隻老鴨趕着一群小鴨般，招呼着學生們，嘮叨不停的該往東或該往西。在期刊室門口，催等着最後三位仍逗留在不同期刊之間的同學。

忽聞：

「老師！簡東生在看不良書刊！」三位當中的一位頑皮學生，以一種小學生告狀口吻，脱口而出。

猜想這小子要故意刺激一下簡姓同學及和我開開玩笑。兩秒鐘不到的光景，我迅速回頭，一臉正經八百，又帶有不屑、不以為然的眼神，拉大嗓門，提高聲調，無視、不顧周圍看期刊的師生員工，破口就道：

「簡東生，你怎麼可以看不良書刊？」

悶在鼓裏，不識真相，可憐的簡生竟然一臉無辜、深受冤枉，理直氣壯的反駁：

「我哪有？大學的圖書館裏，怎麼可能放置不良書刊？」

我沒有回答一個字，依然保留着那横眉豎耳、吹鬍瞪眼的神態不動，再一轉頭，逕自走向三樓。

走往三樓的階梯上，不給學生看到，偷偷的伸舌竊笑，沾沾自喜。心內大叫：「吔！」那種痛快淋漓感覺，就好像別人本來要擺你一道，不料，我反倒事不遲疑、毫不含糊的擺回對方一道。

的確，不論是天空上的小鳥，不管是湖水中的小魚，勿遑論是自己大一英文班上的學生們，他們無傷大雅的頑皮，總是讓我在自己的心坎裏，舒眉展眼不已！

清大有種會啄人的鳥

清大夏至六月，畢業典禮前夕的黃昏時刻，也正是已在交大校園忙完了一些雜事。我人走回宿舍的路上，走在清大校園裏兩側佈滿油加利樹、鳳凰木、與長滿長尾圓葉的菩提樹為主的西崗亭綠色隧道上。

清大人眼中綠色隧道兩旁，除了上述三種茂密的綠樹外，其間也兼雜了些修竹、青松、老榕；外加馬纓丹與些許不知名白色、黃色或淡粉色的小野花叢。

由於剛忙完學生期末成績，並確定助理小姐會將成績交給課務組後，心情頓覺輕鬆不少，與滿懷欣喜的心情迎接炎炎漫長暑假的來臨。

雖值薄暮時分，仲夏的夕陽未落，陽光依舊殷勤耀眼。貫耳的蟲鳴與偶爾的鳥叫，充斥着校園。

在工程三館微微下坡的地方，走近一個小型停車場旁，裝若無其事，直視前方，不敢抬頭搜尋或凝視停車場邊的兩株枯樹的枝椏。

起先，存着一顆試探、謹慎與盼望的心，我模擬着圓潤、輕快的兩聲鳥叫的哨音，但卻不敢目中無人、誇張的在有人車來往的綠色隧道上，模仿如兩聲哨音後，緊接着的瘖啞刺耳的「啊！」鳥鳴聲。怕人笑我瘋了不成。

有了，有了。

遙聞高挺枯枝上，傳來近日來所熟識大黑鳥的回應聲。我整個人，一時變得高興起來，暗自歡喜不已！然而還是不敢抬頭看它，怕嚇跑了它。

起個頭後，我立刻和它一回一答的儘量模仿那隻棲息在枝頭上大黑鳥的鳴叫聲。活潑的它，有時又變出不同的音符，忽長忽短、忽嘹亮清澈忽低沈混濁。我則採緊迫釘人，分秒必爭，有樣學樣，此起彼落，決定跟它玩到底！

乍聞之下，似乎我和它不停交換着訊息與彼此對話着。前些時候，曾擔心有人會好奇或側目，看到或聽到我和不知名大黑鳥的你來我往的唇槍舌戰？多次皮厚大膽的試驗結果顯示，不管是迎面走來或在前在後的路過行人，無人會理睬或拋來嘲笑不解的眼光。於是乎，彼時彼刻，無視來往行人，如入無人之地，樂得當街和鳥兒交談一番。

前面一位男學生模樣的行人，本無反應。可是在聽了多次如此一來一回巧合的鳥哨聲後，難免心存有異。但見前無可疑者，忍不住，猛然回頭一望，正見我努着嘴正在吹奏着「鳥語」哩！

帶付近視眼鏡的學生，露齒報以燦爛的笑容看我。在他那自然、大喜未發出聲的笑容裏，我看到對方投來詫異、包容、諒解與混雜着難以掩飾的新鮮、滑稽的目光。

沒幾個大步，就走在他的身旁。彼此不約而同的笑出聲來。

「你知道，這叫什麼鳥嗎？」我先發問。

沒有立刻正面回答我提出的問題，擁有年輕臉龐的學生逕自說着：

「清大有種會啄人的鳥！」

「就是這種？」

「對！」

「叫啥？」我追問着。

「ㄨ　ㄑㄧㄡ！」他篤定的說。

「怎麼寫？注音『ㄨ』是烏雲的烏，『ㄑㄧㄡ』是秋天的秋，下加一個鳥字？」

「可能吧！」這次，男學生猶豫一下，不確定的回覆。接着：「它會在樹上先叫幾聲，俯衝，在你頭上或頸上啄一下，然後就飛跑了！」

一聽他講完，顧不得彼此只是陌生人，在陌生人面前，我突然大笑，笑開了！

我沒有解釋什麼。

笑聲尚未收尾，餘聲仍盪漾在嘴角與微風中。

旋即，行至西崗哨亭前菩提樹濃蔭下，仍舊不自覺地笑着對學生說：

「謝謝你告訴我它的名字叫『ㄨ　ㄑㄧㄡ』！」說完後，逕自大步向前且和他漸行漸遠。

努力思忖着「ㄨ」怎麼寫，「ㄑㄧㄡ」又是怎麼寫？

一

沒有對那位帶眼鏡的學生解釋大笑的原因是，我也是被「清大有種會啄人的鳥」騷擾的對象之一。我早就領教過且深諳被愛惡作劇的大黑鳥啄頭、啄頸的滋味與感受。

屈指一算，穿越清大、交大兩校園，來來回回的在研究室至宿舍之間優遊奔波，已有近兩年的晨昏。

一般而言，不管清晨或黃昏，可在樹林、草坪、池塘、圳溝、水域等地，不難發現各種野鳥出沒蹤跡或棲息地。

在國內以自然生態環境良好着稱的清大校園，更是蛙鳴蟬噪與鳥叫聲不絕於耳的大舞臺。

濃密的綠樹中與隱密的芒草或葦叢中，各種野鳥無不盡情的鳴唱着成串，或輕快或低沉或寂寞或蒼涼的音符。於是乎，每天在蓊鬱林蔭下，漫遊至五節芒和蘆葦滿佈的僻靜清幽小徑上，我總是享受着森林浴與傾聽大自然的天籟聲。

如此自自然然、簡簡單單、平平安安的過了一年多，休閒兼運動的森林徒步的日子，直到今年清明四月的一個早晨。

那時，路過清大的鴻齋，正準備踏進進入交大校園的林間小徑，相思樹上的金黃色小絨球掉個正着，落在髮梢。四週的蟲聲齊鳴、鳥語呢喃、啾鳴，不覺有異。驟然，有個東西猛然偷襲撞擊我的右腦勺後，迅速呼嘯而過。對這當初全然無任何心裏準備下，突來的襲擊，確實被嚇了一大跳，且雞皮疙瘩四起，毛骨悚然。

我放慢了腳步，回頭往右方一看，是一隻尺寸比一般鳥類還大，具有黑色光澤的鳥，已棲坐在高高的樹枝上，且發出如同高昂的哨音外加低沈獨特、粗啞刺耳的「啊！」一聲，所組合成的鳥鳴。我狠狠的向它瞪了一眼，罵了聲「可惡」。

真倒楣，一大早居然被隻鳥給嚇着了。回神一想，一般野鳥不至張狂、惡毒如此啊？算了，算了，有道是「君子不和小人鬥」、「好人不跟鳥鬥」。

繼續我的前程。不料，萬萬想不到，那隻大黑鳥在空中盤桓一下後，立即又是收縮雙翼急降，啄撞我一下頸子後，再度以勝利者的姿態揚長而去。

這回，我停下腳步，朝着歡呼亂叫的黑鳥，怒斥：「神經病，你有種給我下來！」立即，亂拳朝向它在空中不是花拳繡腿，而是虎虎生風比劃着，鄭重的向那隻尾長且有剪尾深叉的大鳥抗議、警告與討回公道。

仍難平息燃起的怒火，接着再罵：「欠扁！」又不夠，「等着瞧！」意猶未盡心裏嘀咕着再補上一句。

再兩、三步，我人也走在交大校園裏安全地帶了。

從此以後，一走近這屬於清大、交大邊界：一片相思樹林、青竹、俊逸挺拔的松林；腳旁叢叢芒草間雜毛絨的淡紫色或小橘黃色的野花；與一段石塊鋪成的清幽小徑，我總是在光影中提高警覺，左顧右盼，以免再被黑鳥突襲受驚。

沒過幾天當中，僅有一次在小徑附近，看見一隻黃雀鳥正啄食哇哇大叫不已的青蟬外，未再被騷擾，便漸忘了那檔子事。

好景不常，然而就在幾天後的一個清晨路過老地方時，居然出其不意的再度又被大黑鳥啄碰戲弄連續來回兩次。

抬頭望見在頭頂上盤旋翱翔的尾羽黑色的大鳥，不久又是意氣風發棲坐在松樹林的枝頭上。它看似因捉弄人後而發出帶着譏諷兼勝利的歡呼，鳴叫着兩聲圓潤哨音後，緊接着一瘖啞刺耳的音符，我抓狂的不知如何是好。急中生智，我卯足了勁刻意模仿它的每一個叫聲。雙方針鋒相對，彼此較勁着你來我往，好不熱鬧。

往後，每經林蔭小道，我總是下意識地主動吹着哨音，在原本只有蟲鳴的一隅，引來大黑鳥的注意後，尾隨着人鳥之間聒絮不休，一直糾纏至我跨入交大校園那一剎那才方休。

某日，我又聽到那熟稔的鳥語，抬頭一望，低空掠過的大黑鳥，正準備從身後偷襲啄碰我，一警覺，轉個身，亂拳在空中舞動着及氣急敗壞的朝它狠狠的吼了一聲：

「嗨！」那一次，它沒有得逞碰我一根汗毛。沾沾自喜。

過沒多久，我開始思索一些問題。如每每惡作劇、啄人為樂的大黑鳥，是同樣一隻鳥，還是不同隻？攻擊我數次的黑鳥，棲坐在樹梢看準目標時，是不是認出是我且認為我好欺侮？它會挑釁別人嗎？

由於主動吹奏着鳥鳴的哨音，它會認為身為人類的我試着伸出友誼之手，表示友善，亦想成為他們道上朋友的志氣，暸然於心，形於外？深受訝異與感動之餘，而羞於曾捉弄我，進而接納我，放我一馬？稍後經過小徑時，倒也換來相安無事好一陣子。

期末前一個星期的某天早晨，在老地點，親眼目睹走在我十步之隔前方，一位看似年輕交大學生，正朝交大方向走去。一隻大黑鳥朝後在他頸上啄了一下，就溜了！他驚嚇、憤怒的回頭看了下天空，皺眉含恨，然後繼續走着。想不到，大鳥又搔擾他一次。第二次，他又回頭怒容滿面，又氣又惱。那位年輕的學生看到我，不便發作，只好氣惱無奈的走向交大校園。

看在眼裏，靜靜旁觀，直覺好笑與不可思議。啊哈！我暗叫，終於看到別人也有像我曾擁有難以置信，同樣的經驗了。

蠻長一段天下太平的日子後，終覺少了些生趣與妙趣？每走近老地方時，總不自禁引頸或偶爾駐足，在滿眼的森林綠海中，尋覓那帶有黑色光澤、魚尾形的尾羽。芳蹤何處？有時任我吹破了哨音鳥鳴聲，仍只是這廂情願，那廂落得寂靜、一無任何動靜。

我開始胡思亂想起來：它們出去覓食未歸？或搬家了？懷念卻上心頭！

二

當我在清大工程三館下坡處綠色隧道旁一株枯樹上，聽到了久違的鳥叫聲時，心靈如久旱逢甘霖般，滋潤起來，復活狂喜起來！大黑鳥還在身邊。

這次，我不敢抬頭看，不敢吹口哨，一直祈禱着，靜待它會飛到我頭上或頸旁啄我一下。真誠所至，金石為開。它啄了我一下，就飛走了！

我得意的竊竊私笑，內心沒有抱怨，有的只是充滿了莫名的感激！因為大黑鳥又和我有肌膚之親，回到我的生活裏來了。

我還是不敢妄動，貪婪地希望它再度啄碰我，但畢竟它還是沒有如此做。不過，已令我欣喜若狂了！

咦，前方正迎面走來一位胖嘟嘟的中年女士。靈機一動，轉身靜觀，這女子走到枯樹下時，那隻剛啄我的大黑鳥，是否亦會逗逗她，啄嚇她一下？結果，什麼都沒發生。

看在眼裏，甜在心裏。當初對大黑鳥頑皮的突擊，嗤之以鼻，外加氣惱、痛恨；萬萬想不到，如今卻演變成是種「榮寵」。

三

一直苦於不知大黑鳥確切的名字與身世。

因緣際會，能無意中逅邂到一位戴眼鏡的清大學生，並告訴我大黑鳥叫「ㄨ ㄑㄧㄡ」，雖然不知如何正確寫出黑鳥的名字來，但已讓我珍惜這一份「緣」了！

當天晚上，稍作休息後，直奔就近的清大圖書館，希冀將大黑鳥真正的身世，查個水落石出，以饗我對「它」好奇的慾望。

藉由圖書館流通組一夜間工作人員之協助，在電腦鍵盤上敲敲打打，終於列出幾本有關臺灣鳥類的書。在參考室三八八號碼書架上，找出了由東海大學環境科技研究中心編撰的「臺灣鳥類彩色圖鑑」一書。

在索引部份，試着找尋「ㄨ ㄑㄧㄡ」，然徒勞。於是，決定用土法鍊鋼法，地毯搜索的方式，一頁頁的翻閱、檢視。皇天不負苦心人，終在一九五頁，一個熟悉的身影，親切地跳在眼前。

原來大黑鳥的學名是大捲尾，俗名叫烏秋，英語名稱（BLACK DRONGO）。大捲尾是屬於捲尾科，普通的留鳥。其嘴長約二三．五至二七公釐，翼長可達一三六至一五二公釐，至於尾長竟有一三二至一五八公釐。大抵分佈於平地至八〇〇公尺間農耕地大捲尾的習性，書中記載：「常棲坐於電線上或牛背上，有時亦可見到在空中追擊老鷹的情形。」

看完文字敘述，不覺好笑。圖鑑中的說明，固然可信，然其作者有所不知另一真相，那就是，清大校園內的大捲尾卻棲坐樹叢間外，更大膽放肆的從背後，會啄襲路過行人的頭或頸部哩！

輕快的腳步踏出圖書館，已是深沈的夜晚。

一輪皎潔明月，高掛清華園的上空。

行經濕地松行道樹，無意間踢到一、兩粒躺在路面上的松毬。昆明湖下池畔，淙淙潺潺的水流聲，與屬於六月夏夜天籟，盈耳不絕。

慶幸，終於知道大黑鳥的名字叫「烏秋」了。

四

次日早晨，在研究室裏想起去年十一月中旬，曾參觀過清大自然生態特展。

在不同的攤位看到販賣各種T恤、書籍、郵票、月曆、紀念章、明信片、與珍貴鳥類生態郵票展外，也見識到清華校園內較常見的野鳥種類，林林總總不下近二十種。

翻開當時的筆記，確實也記有大捲尾此一野鳥兩行之記載：「大捲尾在清大校內各處終年可見；全黑色，細長又翹的尾翼。」

至於校園內其他常見的野鳥，則另有綬帶鳥、小彎嘴畫眉、灰頭鷦鶯、山紅頭、紅嘴黑鵯、褐頭鷦鶯、黃鶺鴒、翠鳥、紅鳩、黑枕藍鶲、喜鵲、金背鳩、白頭翁、麻雀、小鷺鷥、綠繡眼及五色鳥等。

五

從當初對清大有種會啄人的大黑鳥的驚嚇、詫異，演變到小心防衛，以至後來對它苦苦期待與等待。我還真是「善變」的可以。

誰說「善變」是女人的權利？事實上，身處爾虞我詐的現實世界裏，「善變」應是不分性別的。只有以此安慰自己善變的心吧！

更糟糕的，我還真「賤骨頭」，怎麼說？因為，如今，我是多麼渴望，愛在相思樹上或竹林內築巢的烏秋，能於清晨或黃昏當我行至清大校園時，啄啄我的頭或頸。與大捲尾這段愛恨情仇、恩恩怨怨，使我意識到，有野鳥在身邊觸碰的日子，不但讓我有個浪漫綺想——學說鳥語與自然為友外，其更將一個貧乏、虛矯的現實世界，被帶入一個全新、圓融的空靈世界。

小銅狗

正月中旬，辦公室行政助理遞給我一封從國外寄來的信件，並隨意後問：「又是一封求職信？」

難怪，這一、兩年來，我們都可以收到寄自國內、國外及本國人或外國人，繁如雪片般，盼能謀得一教職之信函。

定睛仔細一看信封上的住址姓氏，愉快的笑對助理說：「不是，是我以前論文指導教授Dr.Fifield費老師來的信。」

喜出望外接到她的信的理由，是這一、兩年來未接獲她的隻字片語。害我常納悶她的健康情形可好及是否已退休疏於通信？

迫不及待的一面走回研究室途中，一面開始撕拆厚重的信。掃視拿出的信函，居然有充充實實六大張信與一張色彩明朗、光芒閃爍的聖誕東方之星的耶誕卡。

一

看到費老師的信，不得不想到從前在校當學生，追隨她做論文，與其朝夕晨昏相處的日子。

早先，我選了一門她在英文系開的「英語語言史」的課；半年後，旁聽她中世紀英國詩人喬塞（Geoffrey Chaucer 1340-1400）的課；一年後，選了和她一對一獨立研究學習的「中世紀英語」課。

和費老師不得不走的更近與彼此接觸頻繁的時光，首推埋首耕耘畢業論文的時候，換句話說，就是正式成為她的入門子弟之後。

除了論文方面的指導與評論，我也享受了一位老師對自己學生的關心與體貼。他們包括了收到不少她送給我的禮物，請了我不少頓自家做或外出上館子的美食晚餐，邀我參加她家庭宴會，及介紹遠從紐約州來城裏看她，且年事已高的母親費老太太。

常因讀書、工作的關係而遷徙不定。每次的搬遷，總會丟捨些大大小小的東西於身後，不再隨伴我漂泊天涯。

不論搬到海濱、山腳、或是鄉村、都市，費老師曾因年節或平常外出開會回來，特意買送給我的禮物，毫無疑問的，身為弟子的我總是會把他們帶在身邊留念。

其中有一對可供懸掛，狀似自然可愛的木鳥。一是印弟安那州的州鳥，鮮紅色雀科鳴鳥；一是灰翅尾、白淡棕肚、黑眼、黑頭不知名的鳥。

一次她去東岸普林斯頓大學宣讀一篇論文，在當地買了一條藍底泛白圖案的長巾。

無微不至的她，有次，特地送我一枚上刻有我中文羅馬拼音名字的彩色薄銅片。銅片的設計，是由綠葉所圍繞成桂冠形狀，中有一隻鏤空的彩鳥。名字，就刻在鳥肚上。

她自己用木針、白細線球一針一針手鈎而成的一片直徑約十二公分、圖案精緻的純白雪花。

抽屜裏仍藏有她歷年來陸陸續續寄給我的聖誕卡片，遣詞優雅、文情並茂的信件。

有一年，約好拿着論文去她辦公室請益。

離開前，她提醒我，當天是母親節，並問我有否打電話回家道賀？

我說我寄了卡片，電話倒沒打，長途電話太貴了。一聽，她在皮包裏找出一張二十塊錢面額的美鈔，囑咐我一回宿舍就打電話給在臺北的老媽。

一看，我推辭的說，貴則貴矣，但我還負擔的起，我回去打電話就是了，錢，你自己留着吧！

終不敵她一再堅持的美意，收下了一張令人難忘的美鈔。

那一段風裏來、雪裏去，風雨如晦，雞鳴不已的閉關自守、閉門造車埋寫論文之際，費老師頗能洞察、體會其間漫長、孤獨之苦。

一個炎炎夏日的下午，聊着她了解撰寫論文期間的艱苦與寂寞，於是她別出心裁買了一件禮物給我，且慫恿我當面拆開來看看是什麼東西。

挪開包裝紙，打開一個小白紙盒，喜見一隻小銅狗臥於一糰柔白紙堆裏。

費老師很喜歡狗。她的家裏就豢養了一隻毛長遮眼遮耳的北京哈叭狗。他們人狗之間，常常如入無人之地，相互吻吻抱抱的。最難忍受與深覺噁心的是有一天，那隻哈叭狗用舌舔着費老師的臉頰。不可思議，她老人家自在的跟着我講話，又同時不以為意縱容那隻狗舔她不綴。

雖然生平不喜歡真狗，但是我喜歡任何材料如玻璃、錫、磁、陶、石膏、木、石、塑膠、水晶、獸骨，刻雕等做成的假狗。

不用問，一見小銅狗，自然是眉開眼笑。

費老師瞧我真是高興，笑着對我說：

「在你這段又奮發刻苦又孤寂的歲月，就讓這隻小銅狗陪伴你吧！把它放在書桌上，不論白天、深夜，只要你累了、寂寞的時候，別忘了，看看它，它會隨時默默陪隨着你！」

小銅狗，從那時起，一直跟在我的身邊至今。

除了送些小禮物，費老師也請過我吃飯數次。有在家自做的義大利麵，有到外頭的中、西餐館吃飯。

印象深刻的有兩頓飯局。而這兩次外出一中、一西的盛餐，都因由於中國的舊曆年春節所賜。

無巧不成書，我們都是湊巧約在除夕或春節那天，討論論文內容與架構。其中一次，還是她提醒我，我才知道當天已是近年關了。

一次，在討論完當次論文篇章後，她先打個電話給鎮上一家口碑甚佳的中國餐館，預約訂位。

汽車開在寒冷的冰雪中，出其不意的一個轉彎，偏離去餐館的方向，卻停在一家藥房旁。猜想她可能先要買些藥物，以備回家服用。

待她從藥房裏走出來，手中捧着一盆開滿玫瑰紅色的花、綠色扶疏的葉片、枝枝崢嶸莖幹的盆景。

「中國人視紅色是喜氣、吉祥的象徵。這盆花葉，是送給你的新年禮物。回去放在屋內，好好欣賞一番吧！」她得意挑着如此一盆應景的植物給我。

這盆花，沒多久，被放在我們用餐中國餐館的餐桌上。即促進食慾又增添喜氣洋洋。

另一次，適逢過年期間，她帶我去見識蒙西小鎮上，最有品味、價格昂貴的一家歐式餐廳。

吃飯前，有身着燕尾服的男侍帶位。入定後，用餐間、飯後甜點，均由彬彬文雅、衣着光鮮的侍者服務。

那絕對是一頓難忘正式的西餐。送上甜酒、沙拉、主食、咖啡後即是噱頭十足、價格嚇嚇叫費老師大力推薦的甜點。

果然，先是一個漂亮的銀器火鍋模樣的餐具，放在配有鮮花的餐桌上。火鍋底部是燃燒的酒精，火鍋內是半鍋量的純巧克力。待塊狀巧克力在火候不斷催熱下，不一會兒的工夫，都已溶化且稍微滾泡着。

銀器火鍋旁，是侍者送來一大盤五顏六色，均已切成塊狀的各類悅目不已的新鮮水果。

費老師教我，可將一、兩塊水果串插在一根細長不鏽鋼的鐵棍上，然後入沾溶化熱騰的巧克力漿之後，再送入口中，品嚐個過癮。

當時，土包子開了洋葷的我，口也忙，手也忙着不停。它的確是我到目前為止，所吃過精彩絕倫的一道西洋飯後甜點。

再來，就數費老師為我通過論文後，當天中午請吃的大餐。美酒、佳餚、暢談，自不在話下。

餐後，費老師把擺在身邊的大紙袋，拿放在桌上，高興的說：

「禮物時間！」

其中一個，是費老師的父親，費老先生幾個月前，悄悄在紐約鄉下小鎮家中，自己親手做個準備送給我紀念的畢業禮物。

它是一個長二八・五公分，寬二五・五公分原木木框裝的蝴蝶標本。襯底的是一片青綠。透明玻璃鑲的木框內，有一隻淡棕色，配以暗咖啡色翼邊的蝴蝶標本。

每一翼邊上，又有呈規則或大或小的白粉點。翅膀上的隻隻脈絡，也是清晰可見的深咖啡色。四片羽翼，呈展翅飛翔貌。

蝴蝶下方，是三種不同來自原野的自然乾燥花草，叫人愛不釋手。

費老師的母親，常常提筆填詩或為文刊登於地方報紙。我也因費老師有一年得到全校教師優良研究獎，所舉行的家庭派對中，和費老太太有了一面之緣。

二

一屁股匆促坐研究室的沙發椅上。

忙不迭的細讀長達六頁的來函。

讀完信，差不多可以勾畫出費老師的狀況、心情與費老先生、老太太的消息。

老太太於一九九二年三月，由於心臟衰竭，終撒手塵寰。

目前九三歲高齡的老先生，雖然由於視力急速衰退不佳非常傷心與灰心，但仍然硬朗且有友人、鄰居陪伴，住在紐約州的柏林鄉下小城。

老太太在未去世前二十三年前，瞞着自己的先生、女兒，託請一位當時年僅十二歲的小女孩，幫她寫下她自己擬好的訃文。她也表態不希望舉行什麼喪禮儀式，一切隨風而逝吧！

仙逝後，老太太早年自己草擬的訃文及一篇地方記者感言報導，最終也刊登在紐約小城的一家地方報紙上。

至於費老師，她再度於一九九四年春季，獲得最優研究獎之殊榮。

三

展讀來信，可更瞭解費老師的不同心境、心情：

生命中雖有轉折，不管怎麼說，大抵而言還是美好無限。

如今，只要回到柏林小城鎮，我都會比以前多待上一段時間。今年的夏天和大部分的長假，我都逗留四個禮拜之久。

去年，由於有珍妮佛當幫手，故在爸爸九十三歲大壽之日，邀了鄰居及朋友們為他做生平第一次隆重的生日宴會。

今年，我可不想把自己累的半死，重蹈去年夏天的覆轍。盤算着請熟食店，來家裏籌備一個冷食自助餐，以宴親朋好友。

我現在真的很喜歡去款待朋友。母親生前留下來的銀器餐具，確實能使餐桌點綴的美不勝收。

我不可能像母親生前那般，是個烘焙美味派餅高手，但我還是可以做個稱職的主人。

奇怪有趣的是，現在每當我回到紐約老家時，便悄悄隱入扮演着煮婦與管家的角色，好像我從來就沒有做過其他任何行業一樣，譬如我現在正在從事的教職。

接踵而來忙不完的家事，讓我大門不出，二門不邁，無法離開房子一步。

憶起，一九九三年的暴風雪，把我絆困在柏林城的家裏，動彈不得；同樣的，想起一九六七年的大風雪，何嘗不是被纏住在紐約州首府奥爾巴尼機場，進退兩難。

經歷數次之後，如果一碰到這種天留客的情形，我現在僅作留在柏林小鎮，遲歸一星期之打算。不慌不忙。

如此多出來待在家裏的天數，我會靠着童年時期所學，及近年來才有的梭織花邊的才藝，自己製作些每年在三月十七日，為慶祝愛爾蘭守護神St. Patrick節的卡片。

時光飛逝，在四月，我就年屆六十了！雖然我從來沒有不祥的預感我將會早死，我還是不敢想像，我會活過到六十歲。

我並沒有計劃依照五十歲生日時，舉行盛大的慶祝宴會。

即將來臨的六十歲，加上英文系今昔之人事不同，使我興起提早退休的選擇。

瞧，在課堂裏即將渡過執教四十一年的時光，在一九九六年，時居六十二歲時，我可以舒服的退休了。

實際上，已經有堆積如山高的研究計劃等着我去着手；有太多的縫紝手工作品，等着我去縫、繡、與編結；渴望想學用木鈎針鈎編出枕頭花邊圖案；太多道的食譜新菜，等着我去試做；況且尚有一大堆的朋友等着我去款待哩！

噢，我現在正在教Bette Bao Lord的小說「春月」。學生們痛恨死它了，因為有這麼多的歷史要去知道。如此的長篇作品，畢竟，仍有一小撮鍥而不捨的學生們，如我喜愛這本小說般的着迷。

這是一本又優美又尖銳虛構而成的動人的歷史。

四

在新竹市區的書局及校園裏的書店琳瑯滿目的卡片架上，傷腦筋，無法找着一張喪禮慰問卡，寄給費老師。

耿耿於懷數日。

趁寒假空檔，飛去終年屬於熱帶氣候的關島去渡假。在當地密克羅尼西亞購物中心，無意撞見一家卡片專賣店。找着一張安慰卡寫道：

「在這充滿憂傷的時刻，我要讓你知道我的思念及同在！」

當下買了郵票，從關島將卡片寄給了費老師。

俗語說：「一日為師，終身為父。」

跟你朝夕相處多年的論文指導老師，無形中，你和對方，漸漸凝聚成一種屬於家中親人般的親近，即使在二、三十年後，在四、五十年後。

今天，費老師當年送我的小銅狗，照舊安然蹲坐在我的書桌上。

標緻、瘦身的小銅狗，底盤約三·三公分，寬約二·二公分，高約四·五公分。它的腰部瘦削凹陷，益顯精神抖擻。它的兩眼，圓睜炯炯有神。它的尾巴曲捲順擺朝前。

小銅狗，成功的伴我走過人生最艱難撰寫論文的階段。現時，它應可說是功成身退。

五

當初，只要我有需要，小銅狗總是忠心耿耿，默默的守在那等着我。

如今，白天忙着教書、改作業、做行政雜事；晚上有時仍留在研究室，收尾趕做一些未了待辦之事，或和朋友輕鬆喝咖啡，聊天一個晚上。

為了彌補、減少自己不常在家的內疚及犒賞小銅狗多年來的功勞，在白色長書桌上，小銅狗的四週，我這些年來出遊時，刻意找了一對在苗栗三義買回雙腳站在圓木上的木鳥，一片在洛杉磯帶回的陶魚，一隻在紐奧良市攜回顏色、形狀幾可亂真的橡膠蟑螂，日日夜夜陪伴着我那忠實、親愛的小銅狗。

恍悟

上學期開學的第一天，在課堂裏除了解釋進度外，即開宗明義，曉以大義，告昭天下，每星期上課時，都會有考試。

至於考試的範圍？不用問，那就是以上星期教過的學習教材為主。

近期末。慶幸週考順利及每能挺溜口的不厭其煩，提醒同學們把課本收起來並遵守考場規則。

星期二的一個下午，照例邊發試卷邊宣佈考前注意事項後，全班突然狂笑！

自忖，我沒多說什麼其他的話，有什麼好笑的？等等，是不是我的衣衫忘了扣扣子？也沒有。

耐不住心中的不解與好奇，劈頭問了前座的一位同學，何事眾樂？學生曰：「你剛才說：同學們，把「筆」收起來！」

另一個寓言

晌午，拾階而下，踏上綠樹下的石板路，來至穹蒼下碧澄一片，柳色青青的竹湖。

飽餐一頓午餐後，人也跟着進入了一種熨貼、滿足與瞇眼欲睡的光景中。

在湖邊及蜿蜒蒼鬱的榕樹徑道上，優閒漫步，心自閒。

什麼都暫擱一旁，任暖陽微風等閒度。

倏忽地，悠悠想起午餐前，在研究室裏登記下午選修課「英語聽講與口頭報告」學生作業分數時，一位管科系二年級女同學，在對美國散文家兼詩人艾默森（Ralph Waldo Emerson 一八〇三—八二）「寓言（FABLE）」一詩中，讀後感想的作業裏提到，希望待下次上課時，在兩節課間十分鐘休息時間，談談如何寫詩！

驚詫自己一忙，差點兒把這位學生期待解釋、說明的問題給遺忘了。

如何寫詩？短短四字看似簡短，事實上，它可是個能發展成滔滔不絕如江河般的大題目哩！下課十分鐘的時間，哪夠用？

捨不得驟然打散那平和、慵懶的感覺，卻隨眼皮依舊深垂、厚重。

那時，如何寫詩的問題翩然飛飄入腦中，但頃刻間又飄飛出腦海。只想清享那偷得浮生半日閒，數分鐘寧靜的片刻。

當我告離竹湖走回研究室的方向時，午間的竹湖又再度回到人跡罕至的一片天、一潭水的時空了。

一

竹湖歸來，課前，在研究室裏回想起，當初選一首英詩當教材的時候，為何獨對艾默森情有獨鍾？

說來也是巧合，一天，望着研究室裏書櫃的書，隨意上下左右瀏覽一下，且發了一陣呆。然而，隨後，不刻意的看到三本排列在一起，分別為美國文學家艾默森、梭羅、惠特曼文集時，不自禁勾起多年前，在美國一白雪紛降的冬季，選修Habich教授的「美國文學—超越論（Transcendentalism）」的吉光片羽，當時上課的情形。

前述的三位美國作家，無疑的是美國文學超越論的主導靈魂人物。

記得那時候，年輕才三十瑯璫的教授，是先從艾默森的論文集與詩集談起，然後再「湖濱散記」梭羅的作品，再「草葉集」惠特曼的詩篇。

下意識的從書櫃裏抽出艾默森的文集。翻閱着些許泛黃的書頁，看到了那時上課時作的一些筆記。曾經花了不知多少上圖書館查資料的晨昏與多次上課的時數，深耕於艾默森的思想界境裏。如今，透過筆漬略顯汰舊的手跡，只需須臾片刻，就能大抵全盤的融會貫通思想家的理論與旨趣，豈不妙哉。

十九世紀的艾默森，在他所處的時代裏，對於「自然界」，已有深刻的認識與感想。他認為我們人類已和大自然之間，原本融洽、和諧的關係已踏上漸行漸遠的途徑。今天，人類沒有意識到應和大自然持有一種早初共存共榮的關連。艾默森潛心探究來自於自然界之多樣利益與效用；它能為人類做什麼？

自然對於艾默森，是一種瞬間的啓發、照明。他期望並鼓勵人類，去做一名先知或敏銳的觀察家去感知、理會大自然的美奇。

其他論着如在「美國學者」一文中，探討人對週遭人們的責任；另在「神學院演說辭」着述中，闡述自恃、自信如何在其他的人類活動中，扮演適切的角色與功能；另又在「自立」（Self Reliance）的論文裏，檢討、反省人對自己的責任又為何。最後在「循環論法」裏，表明了世界宇宙間眾生萬物，彼此相互密合、凝聚的真諦。

至於艾默森的詩，Habich教授在貝爾大樓三樓的教室裏，暢談個人與群體的分解與分離之關係如「Each and All」；地球大地之母的歡慶與更生，相較之下，人生虛幻無常，難以永恒的詩「Hamatreya」；及因艾默生痛失愛子，領悟出對死亡的認命、認知，所寫的一首長達兩百八十九行的長詩「Threnody」。

有人說，詩是音樂性的文學，詩是以精緻的語言來傳達人類內心之思想。

詩人，有時確實能用精簡的語言，引起讀者的共鳴並一新心靈。

如此，腦筋一轉，何不用艾默生的一首詩，來做上課的教材呢？放在文集中眾多的詩篇裏，看上了詩人用松鼠，來做一名對話者，以一種外鑠的擬人化的寫詩技巧，巧妙的規避且置身物外，不必進入所詠之物，與物交感，堂而皇之，藉詞旨超妙的詩以達強調個人不同的價值，表白自信與自立的重要與可貴的詩──「寓言」（Fable）。

二

當初選擇艾默森言簡意賅的詩「寓言」為教材，無非為了做為啓發學生們上課時，討論話題之引子。

短短十九行的寓言小詩，主要建立在一座大山與一隻小松鼠口角誰為輕誰為重的架構上，延伸出來的省思。機靈的小松鼠可得理不饒人。

有天，雄偉壯闊的大山和體積特小、眼光如豆的小松鼠鬥嘴。前者輕蔑不屑的稱呼後者「毛頭小鬼」。

好了，兩位就此開講起來。

意外的，小松鼠大發至理名言反駁道，我不否認你果然很龐大，但是捫心想想，其實，構成流轉的歲月年華和宇宙世界，是天地萬物和天氣加在一塊兒所形成的。

如此一來，本松鼠雖不像你一樣的雄偉，亦不可能做出一條美麗幽靜的松鼠小徑，但你又何嘗像我一樣嬌小、靈活？天賦不同，天生我材必有我用。世上萬物都有着上天美好的旨意與都是滿有智慧的安排。如果說，我小松鼠馱不了一大片森林，你高山也不見得能撬開核桃果吧！

短詩的旨趣，應是在喚醒人與人之間，或人與自然之間，搭起一座非彼此批評、挑剔、論斷、輕視，而是彼此建立、彼此建造，相互擔當、包容、與接納的橋樑吧！

三

如何寫詩？這一個學生拋來希能在十分鐘內有所說明的問題，一直縈繞腦際，急於待解，它的確讓我擲筆三嘆。

嘆的是，詩人在或抒情或詠物字裡行間的狂喜、曠達、愁歎、達道等心境，固然能讓讀者或淨洗心靈或承載不同的感受，但如何成詩？實則牽涉到開展、飽滿、改進詩的境界、內容與技巧外，養氣、眼界、識見、字法、句法、章法與押韻，當然亦不能等閒視之。

一般而言，只要有心人都可以學習寫詩。運用一些寫詩技巧，進而把持掌握住豐沛的感性有情世界。然感情、性情、同情、與獨特的觸覺與視境是固有、與生俱來的；如詩的藝術訓練則為外鑠的技巧，事實上，兩者應同等重要，不可偏廢，如此，才能突顯詩人美麗的靈魂、動人的作品。

至於要怎麼樣的一種襟懷、風貌與氣質，方被譽為一首令人回味再三的詩篇？可舉蘇東坡讚賞陶淵明的詩為例：「淵明詩不多然質而實綺癯而實腴。」唯有這樣的風彩，千古流傳的美詩始脫然走進人間。

四

如何寫詩？這也讓我憶起如何寫小說一事。

前年歲終，大夥在新竹市的一家日本料理店，用完午餐後，一位擅寫小說的同事開車載我回校園。途中，她全神貫注的握着方向盤及腳踏油門與剎車踏板之際，問了她一個問題，如何寫小說？

那位年輕、充滿活力與創造力的小說家，並沒有立即正面回答我的問題。

眼觀四方路況及忙着開車之際，只是娓娓述說着她自己學畫的一個經驗：「前一陣子，我學畫畫。畫了幾次，總覺掌握不住要領。跑去問師傅，奇怪的是，他總是叫我儘量的去畫。有天，我實在忍不住了，跑去問他，為什麼不告訴我怎麼畫才正確，他終於不再三緘其口，笑着說，我之所以沒有說出個所以然來，是因為我怕你會先入為主，無形中附有我的影子，而影響你自己創作的風格。另多觀摩別人的作品後，用心去想，再摸索出屬於自己的道路。」

獨特的畫風與境界，唯藉由不斷的創作中，找尋那份領悟與個人迷人的風采。藝術創作抑或是文學創作，說到深處，敢情是它只能意會不能言傳？創作貴在創新與新意。

說到個性與風格，無巧不成書，在當天上課為學生準備的一份講義中，剛好提到「講臺上的風彩與個性」（Platform Presence and Personality）。文中指出，演說者的個性、風格的重要性，但如何培養卻是另一回事。理由是，它們是一個無可捉摸、神秘抽象的東西。沒有人能淘淘不絕的列舉如何發展個性與風格的指導方向，唯能提供些基本的建議而已。

一路走來，驀然回首，寫詩、畫畫、演講，在某些層面上，不是挺類似的？

五

如何寫詩？記起，在學生們的作業中，不是發現有位戴着黑邊眼鏡應數系二年級一位男同學，別出心裁的自己改編了艾默森「寓言」這首詩，定名為「另一種寓言」（Yet Another Fable）嗎？

雖然他沒有像其他學生一樣寫讀詩賞析類的作業，他卻以一種赤子之心，帶領我們進入了一個童話世界，去感受、窺見另一種寓言。

除了驚喜，還有讚賞！

詩中大意寫道：

Yet Another Fable

An ugly-looking frog came up from the pond,
Who had been listening to all the stuff.
And he said,
Happy am I as a frog,
All the delicious insects fly by become my lunch.
Carrying forests on my backs is out of my business,
Neither do I care for nuts,
Yet I dream of a kiss from the princess and win her heart.

All sorts of things and weather
Must be taken in together
To make up a year and a sphere,
Yet it is dream that makes us different from others dwelling here

Talents differ: all is well and wisely put,
But limit they are not, there are always something more you can do!

一隻聽過塵世間所有的故事與軼事之醜陋的青蛙，從池塘裏跳出水面，來到池邊岸上，說着：

做為一隻青蛙，我是很快樂的。
所有在我眼前飛過的昆蟲，都變成我的美味午餐。
馱着大片森林在我背上一事，即不干我的事，
然而對是否能撬開核桃一事，亦是不感興趣。
唯我卻幻想、希冀能從我夢中公主那，得到一個深情之吻，且能永遠贏得、擄獲她的芳心。
萬物和天氣必須融合一起，方能架構成歲歲年年與天體宇宙。
迄今，是夢想，使居於世上的我們彼此雖獨特不同，大相逕庭，卻無與倫比。
天賦不同，天生我材必有我用：世上萬事萬物互相效力，沒有任何的限制，你總是可以盡心盡力做些事情，不斷超越自己。

另想起自己曾於去年十二月，為了出版第一本散文集，曾於書中首頁，簡單填寫「門與窗」散文詩一首。詩中以門和窗作為象徵的比喻外，也觸及到生活、智慧、心靈交流與生命層面的躍動與體驗。

在短短十分鐘，何不用習作的實例如學生自己改寫的「另一種寓言」與我自己的拙作「門與窗」來談寫詩的經驗與過程，以觸發學生們的些許興趣與思考？

六

第一節下課鈴聲響了，師生如期的開啓寫詩的對話。

首先，談到可作代表性一位電信系三年級學生的作業。他說，他以往很少讀詩或寓言，首次發現艾默森的這首描寫松鼠與大山口角之爭的詩，着實迷人。這首短詩讓學生了解到押韻之美外，詩中的每一段、每一句、每一字都是如此友善與易懂。他還真嫉妬艾默森有此文思泉源、美妙靈感外，「口角」這個字詞也使他聯想到英國前首相邱吉爾曾說過：「如果我們在為今天和過去一直爭執不休，那麼我們定會發現我們已失去了未來。」

接着不久，也談完我的「門與窗」所欲表達的意境與象徵比喻之後，人人手邊拿着「另一種寓言」的改編詩稿。並請應數系作者同學上臺，講明、分享他當初作這首改編詩的經過情形。

正擬將講臺交出，餘光瞬間瞥見了學生們露出極大的興趣與期待的眼神。

一驚！本校以理工為主的學生，居然也會對文縐縐的西洋詩與如何寫作詩詞激起興趣？他們肯暫時拋開純理性的思維，輕快的經驗一次屬於感性的世界？還是我少見多怪、小題大作，其實，任何文學的形式，根本上是人學，只要觸及人性與人類的靈魂深處，都能感動任何有心人，引起共鳴？

巧妙令人驚喜的學生們認真態度，我把它視為一種享受無比的回饋，而喜不自勝。師生們屏息以待，正準備聆聽、享用「另一個寓言」作者他那美妙的創作經驗。推推眼鏡，那位應數系的學生開始說話了。

他說，基本上，他在週末利用數十分鐘改寫這首「寓言」詩，基於懶與叛逆。懶，是懶的去寫長篇的讀詩賞析作業，乾脆把原詩改寫一番；叛逆，是先前艾默森將松鼠與高山擬人化了，且發展成吵了一場架起來。而他，剛好相反，把自己變換成一隻青蛙，來看他們的爭吵事件。為何選擇青蛙？那是因為童話「青蛙王子」的典故。如此而已！

師生聽得無不瞠目結舌。

七

愉快的上完了課，已是黃昏五時卅分了！

走出教室，出其不意的，人已是走在風與貫耳的校園裏。頂着風，朝着回宿舍的路上走去。

納悶，午間在竹湖閒蕩時，不是一幅秋興濃，且散發着平和、暖意的景像？詫異，薄暮時分，何故颳起風來？

大自然天氣的變化，與人們心情的改變，不倒挺相似，忽晴忽陰，時喜時憂？

上課前一、兩個小時，有位離過婚的同事，來到我研究小屋，串個小門子，訴説着她走過一生的無奈、迷惘、與孤獨的苦。

平心靜氣的鼓勵她那顆悽涼的心的同時，我也在不知不覺中，感染了那份感傷。

然而，不久，和班上全屬理工、管理學院的學生們淺談艾默森的短詩與寫詩心情時，不禁被他們就算如詩不成，但詩心盎然的真摯與喜悦，激起陣陣可喜的漣漪。

不管感傷也好，愉快也好，都已合攏在一塊兒、發生在同一天內。

在清大小吃店，一碗榨菜肉絲麵、兩碟小菜，也就輕易地打發掉晚上一餐。

回到宿舍，走進屋內，點亮兩盞一為綠色、一為白色燈罩、暈黃的桌燈。小屋內，即時的，被瀰漫在一片溫暖、恬適的意境裏。

隨手在竹籃裏拿出一顆葡萄柚，手剝着果皮，果熟，飄香四溢。邊吃果子，邊看電視晚間新聞報導。主播告知今天是冬至，冬令進補的時節。恍悟，怪不得今夜風城住處玻璃落地窗外，正呼呼響起初來的冬風呢！

今年的冬至，因着同事的生活心情故事，我沾了點莫名的傷懷；旋即，隨着學生們燃起的詩情，而驚喜。而這兩種截然不同的感受揉和且並存依，雖早先因時空有異，而彼消我長或彼長我消一陣，直至夜晚，仍未消失，且一直延續着，啃嚙着靈腑。

覺悟到，冬至夜晚的心情，就像我正在吃的葡萄柚般的苦甜（bitter sweet）。

氣象報告完畢，用遙控器關了電視。

屋內一片沈寂。

觀看、凝視窗外一排在黑夜中隨風搖擺、吟嘯不已的闊葉麵包樹，咀嚼、意識到心情和齒頰、唇舌間與指間的苦甜，相吻合。

屋外風聲簫颯，屋內一片凝重。

恰似有心事無法排解，無端湧上悵然、窅然淒淒之感，身心俱疲俱歇。

好想一摒往常不是去清大圖書館翻翻書，就是準備教材或改學生作業的夜晚。今夜，只想奢侈的什麼都不做，什麼都不想，只願看着屋外舞動的夜樹，聽着初冬的風聲，坐在一片暈黃、溫暖的屋內發愣。

明天星期二，沒有課。太好了！有事明天再說，今晚，僅想悄然、無痕的渡過。

如此一想，我也就正正式式、順順當當的舒展、沈浸在苦甜的瞑想中與難得的頹廢裏。

竊喜。能夠自由的頹廢、自暴自棄、自甘墮落、不求長進一晚去發呆，而不礙太大的事兒，何嘗不是生活中難得的福氣與幸福？

瑪丹娜的聯想

四月二日星期六，在中國時報「星新聞」娛樂版中，刊登美國歌壇巨星瑪丹娜，於三月三十一日，應邀上電視脫口秀「深夜與大衛雷特曼」（LATE NIGHT WITH DAVID LETTERMAN）之節目。

不只時報，國內其他各大報，在當天也紛紛以在電視訪問節目中，瑪丹娜以一種不在乎的神情，蹺着腿，手叼雪茄，吞雲吐霧，及在一旁的雷特曼則身體往後稍微傾斜，不可思議且面帶微笑的神情，注視着這位特立獨行特別來賓之照片，競相報導。焦點在於，瑪丹娜除了連說「十三次」髒話、直接反問主持人「性問題」外，及更帶了件內褲，在節目中亮相。

路透社的此一轟動世界的傳真報導，竟也使我在閱讀之際，聯想到瑪丹娜本人、美國電視名主持人大衛雷特曼及目前我正在教的一門選修課——中級英語聽說訓練。

娛樂圈中，一直以狂傲不羈、背叛性強、力圖打破傳統兼豪放着稱為名的瑪丹娜，能在圈子裏駐脚多時，絕非偶然。一個藝人，或想在任何一個行業立足、揚名立萬的人，如果僅賴譁眾取寵、標新立異為指標，而未能鍥而不捨、精益求精，其藝術生命抑或事業，終將會如曇花一現般，稍縱即逝，激不起任何漣漪！

世界媒體對瑪丹娜的報導，大都圍着她的花邊新聞與電影、歌唱事業之近況為主。而我曾經不經意、意外的看到另一種面貌的瑪丹娜，那就是她的執着與對「專業」表現之追求。

一九九一年的夏天，時值正居住在加拿大蒙特婁市。

一個週末的午後，在校園裏忙完了些工作，信步走進兩條街不遠的電影區，偷得浮生半日閒，準備看場電影，輕鬆娛樂一番。東逛西晃，選定以瑪丹娜年前在世界巡迴演唱會臺前表演的實況為經，及在各地巡迴演唱期間，臺後與舞群、工作人員日常生活點點滴滴寫實的鏡頭記錄為緯的電影「TRUTH OR DARE」。

在那部宣稱記錄寫實的影片中，有瑪丹娜和正與其傳出緋聞的華倫比提閒話家常及兩人約會見面之鏡頭；也有她在洛杉磯演唱會結束後，好萊塢當紅男星凱文科斯納，至後臺向瑪丹娜當面道賀致意後轉身離去之際，瑪丹娜將手指放入口中，示意「嘔心」之畫面。（據聞，此片公映後，引起凱文科斯納之不滿，指瑪丹娜居然有在片中對他不敬之舉止。於是，原本計劃製作一部要和瑪丹娜合演電影「保鏢」（BODYGUARD）的希望，也臨時陣前換角，改以當紅的黑人女歌星惠妮休斯頓，取代瑪丹娜演出的機會。事實上，後來證明「保鏢」一片，全世界票房賣座鼎盛，愈演愈熱。錯失良機的瑪丹娜，不知是否悔不當初？）

影片中，當然少不了瑪丹娜偶發驚世駭俗的言行。然而，不可諱言，在「每一次」演出前的排練，她都是一反常態，不苟言笑，全力以赴，力求完美；在「每一次」登上舞臺前數秒階段，她都會全神貫注、屏息以待，並召集舞群圍成一圈，闔眼禱告，祈求「每一次」都是最完美的演出。

每次鏡頭攝取她正在存着尊敬、虔誠之神情在祈禱演出順利時，在在都給我一種震撼，因為，我看到了另一個前所未知的瑪丹娜——她尊重每次演出的時刻、尊重她的工作、及尊重表演藝術的完美呈現。

當世人至今仍僅注意到這位極具爭議性女歌星所賣弄的風騷與緋聞時，藉由這部電影，我卻認識到瑪丹娜的另一面，那就是她的敬業、專業與她對事業的專心與虔敬的心。

至於主持人賴特曼，對我來說，如雷貫耳，久仰其盛名，並不陌生。主要的原因為他是我在美國唸研究時，那所大學大學部的校友。聽說，他在學校唸大眾傳播系時，就已展露出說笑話的長才，常惹師生同樂一堂。

賴特曼在校的成績總平均不是A，也不是B，而是低空通過的C。畢業後，先在一個喜劇俱樂部，以大學生的口吻、味口及題材為訴求，談天說笑，娛樂聽眾，始嶄露頭角。

沒多久，幸運之神隨後更是翩然而至。美國國家廣播電視公司（NBC），喜覓得此一人材，準備讓他在全國的電視頻道，主持一個以年青觀眾為主與深夜時段的脫口秀節目。

「深夜與大衛賴特曼」安排在星期一至星期五，強尼卡森所主持的老牌脫口秀「今夜」節目的後面時段，也就是從深夜十二時卅分至凌晨一時卅分。

節目甫推出，一砲而紅。年前在美仍為學生時，從報章雜誌上據聞，民眾如欲進攝影棚參加該節目現場錄影，得排隊一年呢！由此可見「深夜與大衛賴特曼」大受觀眾歡迎的程度。

不說別人，我自己一度也曾經是此深夜節目的觀眾之一。書讀累了，有時，就會打開電視，聽聽笑話或人物專訪，以鬆弛疲憊的身心。訪問人物的單元，印象較深刻的是常出現在節目的常客之一——華裔美國電視熱門主播宗毓華。有一年聖誕前夕，宗毓華上該節目時，賴特曼當眾送她一件皮夾克為禮物。

成功的電視事業與在全美享有的高知名度，使得賴特曼一度被當時在印第安那州就讀的大學母校，選為傑出校友。事實上，他甚少回母校校園，但會不時關心母校，同時，也實際提供給母校大眾傳播系學生暑期獎學金。被挑選出來的學生，將利用漫長暑期，去紐約的美國國家廣播電視公司（NBC）實習，其間的食宿與旅費全免。

位於蒙西市的州立大學，也有幾次在全美電視觀眾面前被提過數次。印象中，有一年，學校的藍球隊表現優異，在全國數千所大學球隊淘汰賽中，終於憑着鍥而不捨、努力奮戰的氣勢，打入NCAA全國大學運動聯盟十六強（Sweet Sixteen）的佳績。當晚的深夜節目中，主持人也在全美電視網上，對母校小老弟們馳騁沙場，立下汗馬功勞之豐功偉業，露出驚喜之情與津津樂道。

畢業後，我留在學校一年。當時，正好學校獲AT&T（美國電話電報公司）鉅款贊助興建的嶄新大眾傳播大樓貝爾大樓（Bell Building），落成並開始啓用。大樓內有社區電視製作節目中心與現場、調頻電臺節目製作室、及設備新穎、摩登的多媒體教室等。

那時，正在教一門軟體評估（Software Evaluation）的課。於是和學校有關單位，洽商安排讓我的學生能進入該大樓一多媒體教室，親自見識、體驗現代科技所帶給教學與學習的先進設備。

上課前某日，親往預定的教室瞧瞧，熟悉環境。路過一樓大廳時，進入眼簾的，竟是一座大衛賴特曼贈給母校惠存的一座大型不鏽鋼雕塑紀念碑。上面居然刻着斗大的字：「Dedicated to C Students」，意思是此雕刻獻給C的學生們！領受到賴特曼的熱忱、真誠與幽默。不是獻給全校或A或B課業成績好的學生們，而是一般課業表現平庸的丙等學生們。他還真是與眾不同，用心良苦。

賴特曼此舉，在當時給了我一個很大的震撼與啓示。

物換星移，數年後，我也在國內大學校園裏，行色匆匆的在教室與研究室之間奔波。

上個學年度第一學期期中，外語組召開組務會議，欲擬定第二學期為大二、三、四學生所開的選修課程。湊巧，我和另一位老師，同時準備開「英語聽講訓練」的課。一個學期同時有兩班性質相同的課，勢必將有個學生程度之別，以納入不同班級授教。正納悶不知如何選擇學生之際，大衛賴特曼的那座雕塑，驟然閃入我的腦海。

瞬間，我知道我該怎麼做了。我告訴另一位老師，我決定要教學生程度需加強的中級班，她則可以教高級班。

不論中外，經驗告訴我，教師們大都喜歡得天下英才而教之，其一樂也。但是另一方面，如果每位老師都如此，那麼誰來關心、教導那些程度不盡理想的學生呢？是不是有些人，來認同、接納那些基礎與程度不是很好的學生？

沒多久，助理小姐通知我們，得將下學期選修課的課程綱要送至學校，以備學生下學期選課參考。

在綱要裏，除了說明課程目標、內容、進度外，附加上：本課僅為大一英文成績在六九分以下的學生所開設。一般而言，學校學生評分的標準，六〇至六九分列為C等。如此說來，大衛賴特曼的效應，多年後，也為我開的「中級英語聽說訓練」選修課，有了無形的影響。

趁寒假的尾聲尚未結束之際，忽然間心血來潮，打個電話給旅行社，參加了他們印尼峇里島七日遊。

旅遊歸來，摩拳擦掌，準備給學生們上年假後春季班的課。研究室內的桌上，堆着為「中級英語聽説訓練」這一課的學生們，印好了課程進度表。手不停的忙着一些上課前的檢查或預備工作如學生的點名單及上課教材等。

有人敲門。進來的是一位未曾謀面的男學生。

「老師，當我看到選修課簡介時，其中『中級英語聽説訓練』的規定是不是寫錯了？我想加選你的課，但首先，我想問你，大一英文成績需要在六九分以上，不是以下吧？」

「沒錯！是以下，不是以上。我當初的構想，是想幫助那些真正需要幫助的學生！」腦筋一轉，接着忽然想到一個問題：「你大一英文成績是多少？」

學生朝向我笑道：「八十九分。」

「噢，那你的成績程度是高些。你不用選我的課，我們對你而言，僅是個小廟而已！」並推薦他選另一位教高級英語聽説老師的課。

左手拖着書及拎着一個黑色公事包，右手拿着一疊學期課程進度表及學生點名單，走進二〇六教室。放眼望去，有兩位曾教過的學生，其他大都是大三、大四陌生的年輕臉孔。

待師生一切就緒，我於是開講起來。我告訴同學們，我這一門課是為他們而開的。而他們必須具備的學習態度是：認真、敬業與尊重每一個學習的機會。

洎洎的從大衛賴特曼將雕塑獻給C等生的故事，講到瑪丹娜專業與用心的故事。第一節課心理建設，對學生們用了幾分鐘的時間，講了這兩個故事。

雖然這兩個可能是截然不同或乍聽之下，並不是挺相互關連的故事，但它們確實是我選擇開「中級英語」非「高級英語」選修課，及對來選這門課的學生們，有着深深殷切期望的心路歷程哩！

考場、烤場

今年，是大學聯招會第一次在新竹考區，設立苗栗分區考場，地點位於苗栗高中。在別人慫恿之下，我也生平第一次參加大學聯考，監試主持人的工作。回神一想，以前歷經種種入學考試，過關斬將；如今換為監考人之角色，立場互異，可謂人生海海，戲夢人生。

聯招會設想週到的，安排負責我們遠從新竹來的工作人員食宿。有兩晚，夜宿山明水秀深處與風光旖旎的明德水庫畔之教師會館。另交大校車也負責來回接送的工作。

七月一日

八點鐘的預備鈴一敲，和另一位工作同仁打了個簡單的招呼後，兩人由試務中心匆匆趕至第五試場。關閉門窗，分發並一一核對試卷、試題、答案卡與座位號碼。不需五分鐘，我們也完成一切預備工作。

看看手錶，還有十五分鐘，才始可打開教室門讓考生進入試場，應考第一天第一節自然組數學的考試。

在悶熱緊閉的教室裏，如何渡過剩下的十五分鐘？和另一位從未謀面、彼此生疏的工作人員大眼瞪小眼？或眼瞪天花板？

快速的掃視、環顧了一下苗栗高中高一7班試場。

瞥見黑板左側的牆上，貼着左右平行的兩行字：

今日不做為聯考而奮鬥的戰士

明日將成為補習班受苦的難民

忍俊不禁，撲嗤一笑。

背着雙手，緩緩走向教室後面。排排質感樸實的木桌椅，靜靜地散發着屬於悠遠古早，幾乎被遺忘的懷舊與回憶。引着我漸漸想起，走回當年被聯考壓抑的幾乎透不過氣來、少有屬於青春期，應有的朝氣與生氣的慘綠少年、高中生涯。

教室後面的佈告欄上，張貼着僅歸屬於學生時代才有的不同資訊與公告。如有學期週考及複習測驗暨抽背及競試預定表，乖乖，其中包括了國文、英文抽背，歷史、物理、數學、地理、化學、及英文競試，琳琅滿目。有省立苗中普通科一年級第三次月考成績分析統計表，驚訝的看到統計精準的全校高中一年級所有十四個班級中，各班及格人數、不及格人數、平均分數及名次。咋舌感嘆，不僅學生的課業負擔之沉重，更可預見身為教師的壓力。

還有高掛的兩張獎狀。走近一瞧才知，高一7班贏得班級秩序競賽第二名及整齊競賽第十二週的第一名。

看着、看着，在不知不覺中，慢慢浸潤在早已遺忘，但此時此刻，再跳回那再熟悉不過的情境裏了。

如今無端回憶起那段端坐在如豆的青燈旁，青澀青襟、蒼白寂寞的年代時，全無悔怨，只有溫暖浮上心頭。

再看看其他的公告，有些什麼大不了的消息與通知。有了，一為食品廠商為同學們星期五準備的午餐便當，其內容有五香雞腿、鹽酥魚、榨菜肉絲、開陽胡瓜和青菜。一為掃地工作分配表：三位同學被指派要掃教室地板，每人掃一排，另有不同學號說明一些同學負責的清潔區域或工作有窗户、走廊、倒垃圾、講臺、講桌、黑板溝、擦黑板、澆花、健康中心、輔導室、體育組、花圃、水溝及幫正準備升學的高三年級學長，清掃他們的環境區域。如有不懂，沒關係，有個PS附記寫着：

「如果有不懂OR（對，用英文寫OR）不喜歡的可以來問卅三號」

從這些字裏行間，倒也活生生清晰探得、了解到高一7班的生活點滴與內容了。

八點二十分，第二次鈴聲一響，應試考生，人人有希望、個個沒把握的魚貫入場，展開了他們人生當中，算是挺重要的一場考試。

抓着試務中心才發給我們的「大學聯合招生考試監試工作流程圖解」，詳細閱讀考前準備、考試開始、考試開始廿分鐘後、考試中違規處理，及考試結束後此五個不同階段，監考人員應注意的工作流程。

接着第二、三節的化學與物理兩學科的考試，亦相繼圓滿告成。下午三時五十分，結束鈴聲響起，也為今年大學聯考第一天所有的學科考試，劃上句點。

在苗中第一會議室裏的試務中心吹吹冷氣、喝點冰涼飲料，休息十來分鐘後，大批人馬坐交通車折回明德水庫的教師會館休息、過夜。

鄉間沒有任何屬於夜都會的活動，於是，大批工作人員大都以聊天、看書、或看電視打發時間。

難得住在鄉下，竟也隨着鄉村人的作息，破天荒的早早在晚上九點半，睡入夢鄉！

七月二日

第二天，我們負責第一試場的監考工作。

時而站在講臺上，時而站在教室後面，與另一位工作人員，左右巡視，盯着考生考試。

偶或張望着教室內的佈置與佈告欄。

和昨天高一7班的教室，有點類似的是，高一3班在教室兩側的左右樑柱，也貼有一付對聯。一側是「有花堪折自須折，莫待無花空折枝」，另一側寫着「勸君惜取少年時，勸君莫惜金縷衣」。

這一班，像似較有些藝術氣息。黃色壁報紙為底的佈告欄上張貼有四張水彩畫，外加兩張鉛筆素描畫。

四張水彩畫分別為：一張畫有書包、書與捲紙；一張畫有火鍋、蔬果及蘋果西打；一張畫有水壺、洋蔥、切半的大黃瓜、梨、紅色和青色的蘋果散佈在一張布上；及一張畫有浴室一角的洗髮精、沐浴乳、牙膏、古龍水加上一罐面霜。

另兩張鉛筆靜物素描分別為：一是畫有絲瓜、青蔥與檸檬；一是畫有萬年青的盆景。

之外，教室不同的角落也貼着些藍、黃、綠、紅、紫等各種不同色彩色紙，剪變出千變萬化的圖案與設計。

高一3班同學們的巧思，也有着應得的歡樂代價，因在佈告欄一角落，看到了他們贏得「全校班級佈置比賽第二名」的獎狀。

國文的作文題目是「論污染」。

難捺心中的好奇，在偶爾走動監考之際，居高臨下，瞥頭看見在講臺右手邊，第三個位置一位短髮女同學，簡潔有力，開門見山，第一句就是言簡意賅「救救我們的地球」與「地球只有一個！」至於左手邊，瞄到一位男同學也是第一句話用括符引出「請留給下一代一個乾淨的地球！」

藉由考生萬斛源泉的抒發，心情隨之沈重。

不可諱言，孕育萬物眾生的大自然，已慘遭人類無情恣意的破壞與污染！有人走過的地方，就有環境破壞；有人出現的地方，就有環境污染！

可不是？救地球就是救自己與後代的子子孫孫。我們所居住的環境，三、四百年前，還是個森林之島，曾幾何時，落得今日貪婪之島、垃圾之島、污染之島之惡名。空氣與水資源嚴重污染，人的心靈，也污染了。

其實，人應學着與自然為友。不忘，人是「自然」的一部分！唯有心靈的重整、淨化與認同自然，人類才會有清麗的山水，重享那甜美的水源、新鮮無比的空氣及令人心曠神怡的鳥語與花香之境界。

崇尚「自然」一生的老子，曾在其所着的道德經中說過：「人法地，地法天。天法道，道法自然。」老子哲學中的「道」，意指天地萬物的根源。換句話說，人、地、天三者都要法「道」，而「道」仍以「自然」為法的。如果違反了此自然法則與哲理，人類的災禍，勢必會綿延不絕，接踵而至。

溽熱酷暑的下午，汗流夾背，汗雨如珠，可想考生受「烤」的箇中滋味。

室內吊扇嗡嗡的響着，室外有蟬聲嘈雜震耳與偶爾路過的車聲或人語。

走在一位着花式短袖香港衫與花式方格短褲，體型較胖的一位男考生旁，赫見他在三民主義的試題紙上寫着：「熱死了」！

考完第二天第四節的生物學科，我和一批同仁監考任務，也順利的告一段落。

當晚，在苗栗市區一家餐廳飽餐一頓後，校車送我們返回新竹。

交大校車，在夜色低垂的公路上行駛。

想起當天中午休息看報時，其中有篇方塊文章指出，每年一度的大學聯考，雖有不盡理想之處，但它在臺灣金權猖獗的社會，大抵已是唯一不受泛政治化影響的大事與罕見的「公平」哩！

今年第一次擔任大學聯招監考的實際經驗，在苗栗高中考場內，再次體認到「考場」真是「烤場」外，它也確實勾起我對高中生活的一些回憶：高一時因受外號「田雞」的同學之托，幫他托教室的地板，因我也想急着回家，於是把浸過水的托把，沒擰乾就直接托洗地來，以致地面水褡褡、濕漉漉一片，草草完工回家，第二天一早，早自習時，被級任導師叫起，狠狠的用桌椅大木板打我的掌心，直至紅腫，還好，田雞在周末時，請我看了場鄭佩佩主演的武俠片「金燕子」，以示愧疚與補償；高二、高三時，常和坐在我右手邊的傻大個頭楊兄，放學後，騙家人說去圖書館看書，實則兩人溜到敦化路臺北學苑附近的青康戲院，觀賞票價相當便宜的西洋名片陽春電影如「咆哮山莊」、「簡愛」等片；高二時，和全班同學們邀金陵女中的同學們一起爬七星山郊遊……。

那段飛逝不再，如青橄欖般若苦若澀的歲月，如此的遙遠，但卻又像是在昨日！

卷二一　橄欖葉子

橄欖葉子

學校新建的三層單人宿舍，終於在眾人等待多年，眾目睽睽之下，於去年秋天，通知申請通過的教職員們，可以攜帶細軟家當，登堂入室，住將起來。

我將其稱之為單人非單身宿舍，是有原因的。因為，雖然學校方面稱這棟新的三層樓共六十九個房間的宿舍為「單身宿舍」，實際上，結過婚如家住遙遠的臺北或南部的教職員，或離婚的個案或真正的單身貴族，他們全都可以遷住進去。

一個週末下午，有人邀我去新蓋好落成的宿舍大樓，看看地形地物。推開了不久的將來要搬進去、空無一物的房間，欣見學校配置嶄新的床、床頭櫃、白色的鐵衣櫃、白色的書桌連咖啡桌、及白色的雙層鐵書櫃，都已零落散佈在狹長型的屋內。幸運的是，每間都有較寬敞的衛生浴室的空間與設備。

兩人傷腦筋了半天，想了好多種未來傢俱的排列組合，彼此討論來討論去，末了還是沒有具體的結果與定案。

他抬頭看到落地窗旁左上角，有一個設置冷氣機的窗櫺，留空的窗櫺，目前暫時以一整片縷花半透明的玻璃裝上。

他指着那窗櫺的位置，慧心巧思般的建議對我說：

「裝冷氣的位置，空下來不好看！你搬進來時，馬上裝上一台冷氣機掩飾它遮遮醜。要不然用一幅水彩畫、油畫之類的以補強潤飾它，這樣一來，這個房間的視覺效果才會更好。」

「不要！不要！如果掛上畫或裝台冷氣機，定會使屋內的採光受影響。」立刻反駁這個對我來說，根本就是不甚高明的巧思設計。

說完之後，像被提醒似的，連忙用一張廢報紙遮遮看。

不出所料，光線果真多少還是減弱些。

「夏天你不準備裝冷氣？你一定會熱死！」他善意的警告我。

「還好！我寧願用電扇不裝冷氣，忍受點熱，守着陽光，也不願失去陽光穿過半透明玻璃片，所產生幻化的光影。」

可不是，充足的陽光，能讓空間的表情千變萬化，能使空間沐浴在和煦的自然光中，是最珍貴不過了。

樂邀那片陽光入室，由它縱情驅馳，隨它任意揮灑！

一

空氣、水、陽光，這三樣上蒼賜給我們取之不盡、用之不竭的自然現象，是祂送給我的禮物。

它們使人類萬物，在生命河流中不停延續與孕育子孫緜延。

現代也好，後現代也好；新人類也罷，新新人類也罷，過度強調科技高度開發及文明、工商蓬勃發達，卻最後對大自然恣意的破壞，與取與求，終由輕度的污辱，演變成嚴重危害人體健康的污辱及自然生態失調。

空氣污濁了，水源污染了；在地狹人稠的地區跟環境，想要在櫛比鱗次的房屋裏，截取一片陽光，又是何等的夢想。

多年前，永和家的二樓公寓房子，初時不難在屋宇內凝視風雨晨昏，守着陽光；然而沒多久，居家四處，沒有良好的規劃就到處大興土木，蓋起商業或住宅屋宇，他們如雨後春筍似急速竄起。致使在白天，我的書房裏，一進門必需開燈，否則伸手難見齊全的五指。光線至此被四週蠻橫不講理的建築物遮蔽。

從此以後，想在白日，安坐家中，與自然風情中溫暖的陽光天長地久，也已變成一種緣木求魚、萬劫不復的奢望了。

遠負地廣人稀的北美國家地區，有讀書有工作一段時日，我珍惜且任意、任性的沛然享受着陽光走進室內，能將空間變為更具有生命力、變化性的美妙感受。

最早，在自己的故鄉，許下樂與陽光日夕相伍的心願；忽至有天，不知不覺嘎然夢斷乍醒，輕嘆屋內自然光影變幻的趣味不得。僅能咀嚼、懷念往日擁有陽光的日子。

一九八一年的夏末，首次踏進美國中西部的校園，驚見學生宿舍大樓四周的草皮及環校道路麥金尼路旁的鴨池畔（Duck Pond），躺坐了不少年輕的紅男綠女，在驕陽下爭做日光浴，每人無不翹首，盼慘白無色的肌膚，能被晒成健康耀人的古銅色，那才叫做性感！

他們真愛陽光。

我個人同意，西洋人是挺歡迎陽光普照的日子。

另一方面，我可以猜測，在光天化日之下，幸運地可擁有充分室內、室外自然光源供揮霍的他們，難以理解、洞悉，在世界其他有些地區，如果想住在一間容有自然光線流洩的房子，說不定是一種奢侈的事實！

他們表面上熱愛陽光，骨子裏，說穿了，會不會只不過是想利用自然光熱，做做日光浴，以古銅膚色傲人而已？

一直懷疑，他們是否真正能夠珍惜、惜福，能夠有着美麗的窗景和窗外的天色，不必走至户外，即可在自家屋內，翹着二郎腿，輕輕鬆鬆的將他們盡收眼底及與户外天光互通聲息，即寫意又雅緻的意涵？

一九八四年的春天，受同為一研究室的美國同學湯姆之邀，去他住在學校結婚宿舍的家做客。

高興見到他名為櫻花的日籍太太及他們可愛的兒子。

櫻花在廚房流理枱那，準備晚餐。

我和湯姆坐在不甚大，但整理得簡單怡人的客廳裏，擺龍門陣聊天。

湯姆打趣的說到，當年他在日本寸土寸金的大都會東京，和櫻花結婚未久，即帶着新娘子返回印第安那州拉法葉市，敬見公婆。

接機那天，湯姆的父母歡見子媳，好不快活。

第二天一大早，櫻花被窗外此起彼落、不絕於耳的鳥叫聲給吵醒了。

她看看窗外，陽光亮麗耀眼。視野可以近看綠意之外，並向遠處延伸。

屋內各角落，都散發鋪陳柔和的光源。此情此景，深深的撩動了櫻花的目光，觸動了她的心靈。

一頭栽進並即時沈浸於大自然的美好享饗，嚐到了一天的序幕，居然是可以如此的譜下！

激動的企圖搖醒一旁仍呼呼大睡的湯姆叫道：

「湯姆，湯姆，快點起來！你看，有陽光，有綠樹；你聽，還有鳥叫聲！」

櫻花的老公，聽完他老婆這般的大呼小叫，竟為這樁，哪有不覺好笑與同情。

二

學校保管組通知我們，在一個星期三的下午二時，群集中正堂二樓會議室，準備分派住進新落成的單人宿舍房間號碼。換句話說，居時，各位教職員的先生、小姐們，會儘快知曉，可以住進哪一間房間。

按時赴約。

一到現場，男男女女交談交換一些情報，如哪幾間的空間較大？坐北朝南的好，還是坐南朝北的好？一樓易招蟑螂或一停水先停一樓？三樓太高，水壓上的去嗎？面馬路的好還是背臨自來水廠的庭院好？圍牆邊架於水泥電線桿上的六條粗根的高壓電，有害健康？要請管理員？抽水馬桶如果故障，是不是先從二樓溢滿？垃圾如何處理？及有些我想都沒想到的問題，都在現場熱情的被大夥討論着，又不停的忽左忽右忽前忽後的拿捏着。

總務處訂下挑選房間的遊戲規則，是基於教職員的年資、等級而排列先順圈選順序。

點數積分最高的，當然拔得頭籌，在一、二、三樓中挑選、訂下自己喜歡住進去的房間號碼。剩下的房間，再按點數的高低，依次按各人志願一一運作下去。不幸同分，則抽籤決定先後。

據了解，整棟大樓有三層，每層有二十三間，如此，全部應有六十九間房間。

別人是挑老婆、選女婿，我們是等待分配、抽籤、挑選學校宿舍大日子來臨之前，我們早就有事沒事勘察地形，明瞭何間宿舍孰優孰劣的觀察行動。

我最鍾意三樓三一七室。

不外乎看上它不論是房內或浴室裏良好的採光。書桌面對落地窗及紗窗，又可平眺水池及高聳挺拔的闊葉麵包樹及其他不少不知名的青樹。

但是一想到，我的點數依順序被排在三十七號，就心涼半截，不存指望能住進三樓的機會。畢竟，學校擬保留下三樓的十個房間，留作未來訪問學者或短期來校研究講學教授住宿之用。這麼一來，其實只有在剩下的五十九間裏挑三撿四了。

一樓朝南的房間，是最不能選的，我告訴我自己。

那是由於，一樓的宿舍除了朝北方向，四間有陽台外，不似二、三樓，不論朝南朝北，間間都有一個寬敞的陽台。

又因為地勢較低，一樓朝南的那一排所有房間的窗外，有一道間隔新竹自來水廠及學校宿舍的上為磚牆，下為檔土水泥石頭牆。

曾進入這麼樣的一個房間，前後一巡，因大都採光不良，更顯阻隔窒礙、抑鬱縈繞。

好了，保管組及總務處的一些行政人員，眼見與會的教職員前來的人數也差不多了，於是，正式擊鼓敲鑼，告昭天下，好戲登場了。

一開始，正式宣佈學校給這棟新的單人宿舍，定名為「群賢樓」。

接着，點數最高的是會計室的一位資深女職員。她穩穩的隨心所欲簽選了二樓的一間房間。

唱名、簽選及復誦的工作，進行到第五順位最高點數的，是一位工學院看似中年的男教授。

他三步併做兩步的趨向前台，弓身在三張各別標示一、二、三層及每層樓各房間號碼、位置的平面圖，打勾簽選了一個房間。

那位男教授，一轉頭，臉露滿意的笑容，滿足的正要走回座位。

保管組的小姐，依照前例，以甜美的聲音唸出某某先生小姐老師選了哪一間的房間號碼，以示公信與讓台下焦急欲選的教職員們做為參考之用。

那位行政小姐宣佈：「X老師，一一七室。」

乍聽，不敢相信自己的耳朵。

一喜一驚。

喜的是，那麼前面的人，把我認為不甚理想的房間，尤其是一樓朝南的房間，給人挑走了，豈不意謂着，我又多添了一絲選到較理想房間的機會？

驚的是，那麼多好房間攤在面前供他選擇，他為何選一樓面南的呢？

禮讓、客氣？還是另有玄機？

在濃濃的好奇心趨使之下，當那位工學院戴黑邊眼鏡，屬壯年的教授走回座位半途中，閃快的截攔下他問道：

「老師，請問，你為什麼選一一七室呢？你的理由是什麼？」

我也忘了該禮貌性的站起來，坐着聽他站着熱心的向我解釋，他為什麼選擇一一七室的初衷版本。

你不知道，一一七室真的是很好。今天集會之前，我曾抽空親自去現場巡視了一下。

一一七室雖然沒有陽台又緊偎着水泥牆，但是它很隱蔽。面對擋土水泥牆及磚牆，讓人覺得很安靜，把一切喧攘吵嘈統統擋在室外，不受干擾，可以專心做事、研究。

聽君一席話，一時啞口無聲，啞口無言，啞然失笑。

我隱約的了解到一件事，我的上好多汁味美的牛排，搞不好還是別人的毒藥哩！

鐘鼎山林，人各有志。各人頭頂上，個自劃有一片屬於自己的天。

何須置評，何須詫異，又何須解釋？

回神清醒過來，注意前面發展的情形如何。終於等到我的號碼排名第三十七位。

一但發覺，持有三十七號的人竟有七人同點數。意思是，我們七位要抽籤，再依籤號順序一一圈選自己想住進的房間。一位缺席，只剩下六位。一抽，我是第五順位抽籤。

終了，簡直不敢相信，我的順序這麼後面，卻如願的選簽了三樓的三一七室。

美夢成真！

簡直想不透，怎麼我最喜歡的東西，竟然不見得是別人的最愛呢！

不同的人，極有可能，會有不同的觀點，衍生出不同的價值觀。

三

興沖沖，笑瞇瞇的，每天一滴一點的，恰似螞蟻搬食物般，分不同的天時，從舊宿舍培英館，自己或請小林拿搬馱着幾枚屬於藍藍大海的珊瑚與貝殼、幾塊從青青野外撿回來的石頭、書本、檯燈、衣被、器皿、木鴨、陶盤、竹籃、藤椅、植物、國畫、木鳥、收錄音機、二十吋電視與花東冰箱等物到新宅。

新的氣象，新的心情，新的生活。

比起古人明代歸有光，我可是幸運多了。

君不見在其為文的「項脊軒志」中，，歷敘百年老房子項脊軒南閣子？為了要使一過午後，屋內即刻昏暗下來，且面積僅有一方丈，僅容納下一人的小屋洞然開朗，歸有光開鑿了四扇小窗，築了一道牆，藉日光從牆上反射的作用，以達採光目的。

我呢，相形之下，是搬進經專人設計有摩登採光良好的落地窗及窗户的新房子。

一進室內，立即感受到自然、動線流暢的光線，照亮了每個角落。

為了終日全然沐浴在盈有順暢流瀉、大自然光源之戶內理想環境，我的室內擺設，以簡潔中透以溫潤、明朗為原則。不擬將空間切割的支離破碎與繁雜，更不以喧鬧、繁榮煙雲的假象為裝潢。力求簡單，無非，一室陽光才是我心目中真正的最佳主角。

四

那位職員先生，勸我把尚未設置冷氣機的窗櫺一片，添補些東西上去以遮醜。我卻有剛好相反的想法。我喜歡那一片的留白。目的是延攬更多的天光入室。屋內陽光，對我而言，不嫌多。

大量採光，陽光開了，鉛華光采相繼而來，享受變化不同的視覺角度。

唯有如此，空間的表情，隨着春夏秋冬晨昏更替，光影移動，展現無限的樣貌。

鍾愛在有陽光的屋內休憩、讀書、筆耕、與友人、家人説話、品茗、沈潛凝思、放任自己於那午後陽光的慵懶，或僅僅光是活着。

五

捨不得遮掩那片窗櫺，它雖然只有冷氣機般大小的尺寸。

因為如此，我不費吹灰之力，什麼都不必做，不步隨自以為聰明的腳蹤，在屋內風風光光添多了一片陽光。

如今，每天清晨醒來，躺在床上，就可一眼望見那片鑲嵌在牆角的陽光。

那片陽光之於我，如舊約創世紀裏，挪亞在方舟上飄流多時的一個難忘夜晚。挪亞在當日白天，曾從方舟放出去的鴿子，天色暗時竟飛回到他身邊，那隻鴿子的嘴裏，還叼着一片新擰下來的橄欖葉子。

那片陽光，一早有如音樂般的令我酣暢宜人。

那片陽光，無言傳訴着對自然本質的嚮往，詮釋着生的情懷，象徵着活的希望。

我要送你一本書

一、池塘生春草的季節、一九九三年。

忙完了學生一班六十多人「新聞英文」的課程講義並最終定稿時，看看手表，忽覺夜早已深了。斜月半空庭。

影印機在泛白的日光燈下，有規律的一張張翻印講義時，稍感無聊。走在長廊上並在布告欄上看到一則海飛麗出版社誠徵寫書人的廣告信函。

不多時，雙方決定出一本有關暢敘東、西方過聖誕節、過年的一些典故與溫馨、傷感略帶幽默的心情故事。

意外的，出版社給我取了「沈文心」這個筆名。夏丏尊寫了一本國學常識的書就叫「文心」，出自「文心雕龍」。另外我個人亦欣賞沈從文、冰心兩位作家篤意真摯，辭意婉惬的文風。

二、可以大啖西瓜，白天聽蟬鳴，夜晚觀螢火的炎炎夏日。荷夏，一九九三年。

日夜努力筆耕於交大校園內。其間，創作歷程的掙扎與成長，令人難忘；然每每在完成一篇作品時，難掩內心的「生之悅」。書共分三卷：聖誕快樂（含六春暉、綴滿瑞典國旗的聖誕樹、聖誕節的浪漫——在法國、聖誕禮物——美國駕照等），過年（含沒有年夜飯的大年夜等文）、及回家（另有背影、也算第一次、一場誤會、返老還童平等文）。

三、涼秋九月、一九九三年。

交稿給出版社校稿、打字、印書、出書。

四、臘梅怒放、水仙綻放的季節、一九九四年。

新書上市前，應邀上中廣「美的世界」、「生活頻道」、「月光曲」、警廣的「三代同堂一家親」、復興電台「都會風情」、「萬紫千紅」與臺灣廣播電台「哼哈奇兵」等節目。愉快地與每位主持人暢談寫作種種經驗。

五、後　言

家，是一個傳遞生命與愛的地方。

人活着就是為了一種感覺——回家的感覺。

感謝上帝，開了一扇我與讀者心靈交流的窗。珍惜這一份與讀者、出版社難得的人生「機遇」與緣份。

六、我要送你一本書

以前，我在報章上看到一篇頗有知名度作家的文章。文中敘述有天，在早期的牯嶺街舊書攤上，驚見一本他送給一位好朋友自己寫的書。當時被出賣、羞辱的心，差點自胸口迸跳出來。

書本首頁，那位作家親筆書寫送給好友的字句與簽名，諷刺性的依然存在。

盤旋着，這本書怎麼會從老朋友的手中，飄泊淪落到街頭的舊書攤上？

記得，朋友當時不是還當着作家面前表態，説是如何喜愛及要如何珍藏那本嘔心瀝血寫出來的作品？

誠然，自此以後，那位作家説什麼就再也不送給任何人自己創作的着作了。

現實生活中相同的實例，想必亦是緜邈長迤，擷拾皆是吧！

自己經歷創作完成一本書的過程後，現在我可以完全理解，撰寫一本書就像生孩子般的艱苦與付出極大的心血。別人把你送給他的書隨意糟蹋、丟棄、轉售，事實上，就如同別人把你自己親生的孩子，亂丟棄般所挑起的絞痛與失望難過。

好多年以後，沒想到我自己也出了生平第一本書。散文集上市沒多久，出版社也從臺北寄了一個內裝有二十本新書的包裹，到新竹的學校給我。

我要如何處置這些自己寫的新書呢？胸有成竹。我計劃將這些書，一本本用自己的錢購買郵票，航空郵寄國外一些典藏東方館藏的知名國家圖書館與大學圖書館收藏。

由於數年前曾服務於國立中央圖書館，認識到依據國內出版法之規定，任何一本出版品，出版社都將呈繳一份給央圖典藏。因此，按照常規，我的書起碼有一本會留在國內的央圖。

至於外國的圖書館如此繁多，將如何取捨，以決定新書的去處？很快想起，位於中山南路二〇號央圖內的國際交換處部門。該處的職掌之一，是綜理負責國外締約圖書館交換、贈送的業務。他們電腦檔案中，一定有一份與央圖有來往的海外各國圖書館館址。

不出所料，馬小姐很幫忙的立刻寄來一份國外圖書館名單。

在名單中，勾出二十個圖書館。其中包括了我曾讀過書的美國一所大學，與曾教過書的一所加拿大大學。

初春，忙着在自己的研究室內，用電腦打出一封贈書的正式英文信函，並逐一在信封上，寫出每一個圖書館的館的館址，在每一張信紙的尾端，都簽上了名。

信中提及我在為我的新書找個落腳之處。眾所皆知，你們館藏豐富、設備、管理完善的圖書館，實為我新書最佳的歸宿。我很樂意的說：我要送你一本我的新書。

一大疊的每一棕色牛皮紙大信袋內，都裝有一本新書與贈書函。拿到校內郵局，貼上郵票，馬上丟入航空郵袋內等待寄出。郵票費也花了我近兩千塊錢左右之譜，卻毫無怨言，甘之若貽。

初夏的五月開始延續至仲夏，陸續收到了從國外寄來禮貌客氣的謝函。

第一個飄進我信箱內的是北歐丹麥的皇家圖書館。然後依次是美國芝加哥大學東亞圖書館、密西根大學圖書館、哈佛大學燕京圖書館、耶魯大學圖書館；緊接着有英國劍橋大學圖書館、美國印第安那大學圖書館、瑞典國立藝術博物館、法國巴黎的法國國家圖書館及加拿大的愛伯達大學圖書館等。

對於這樣的安排，我是滿意極了。

一方面，我不必擔心，有天走在舊書攤邊，面頰發燙難為情地赫見送給朋友自己寫的書，居然躺在那兒的窘境；另一方面，獨樂樂不眾樂樂，將書存放在國內外的圖書館中流通，與不同的讀者交流、交心。

當有一天，退休有閒的時候，搞不好雲遊四海、四處走走，探視我散佈在各地的孩子們可安好，並欣慰的一一告訴他們：

「無論如何，我終究給你找到一個理想的窩了！」

禮多人亦怪

近年來，教員宿舍一直是大學新進教師們的夢想與夢魘。想要擠進一間宿舍歇歇腳、喘喘氣，也得大擺長龍。而龍頭不見龍尾，仍司空見慣，不足為奇。

幸運的是，一進校園，即被告知，雖然「學人宿舍」不但客滿，且有不少老師們早已登記申請，且正排隊等着機會住進宿舍，但我終被安插在位於舊校區另一幢住有教員與職員的三層樓單身宿舍。

高興認識我的厝邊隔壁的鄰居們。不是在事務組任職，就是在次微米中心或各系所服務的朋友們。

大夥平常倒也相處融洽，有事互相照顧、幫忙，沒事也常在交誼廳裏一起看報、看電視，及在浴室洗澡時，也不忘隔牆互通有關學校或周末清大、交大放啥電影的小道消息。

積平日觀察，我們這些大男人們，同事間也都以姓名直接叫喚對方，沒有轉彎抹角，更沒有「有口難言」之距離感與顧忌。這也落得直截了當、淋漓痛快，宛如時光倒流，又回到高中、大學時的同班同學們相處般、連名帶姓直呼對方的歲月。

直到有一天，當有個人正經八百的客氣起來時，還真叫人欲迎還拒，不知如何是好哩。因為，有天揉着惺松睡眼的早晨，赫見交誼廳內的白黑板上，寫着幾行醒目的大字：「各位諸哥：白板筆已領回，請依筆中説明使用，請多愛護。」

（按同音的「豬哥」，在古早時的臺灣農村，是指為交配用的「種豬」說。）

門裏門外

身處於現代多元價值與尊重自我意識高漲的大時代與社會裏，對個人的終身大事，可能人人觀點不同、見人見智、莫衷一是，難有一個絕對的價值觀與答案。

以往的經驗，曾聽人説，走過婚姻之路，會把一個人淬鍊成一位更趨圓熟的個人與體驗完整的人生道路，否則，終將成為一種殘缺；又聽人説，為了宗教信仰或全心全意追求某種理想，而寧為單身貴族，亦是一種選擇。

孩子們在現今文化社會裏，漸漸不再被視為父母的專有財產與附屬品，而是社會資源。如此一來，孑然一身的男男女女也會自我安慰一番的説，有沒有自己親生的孩子，也無關緊要了，因為一個人，也可以是一個代表滿有尊嚴的家，與昇華自己的情感為一種對週遭人與整個社會的大愛。

曾目睹，有人離了婚，如熱鍋上的螞蟻，深怕錯過再婚年齡，而迫不及待的憧憬着「第二春」，又有人歷經波折，雖憬悟真正的至愛可貴，然追尋不得，不見其恒常真實，因而採取再也不信任「男人」或「女人」，卻追求另一種主權在我、遊戲人間的態度與生活。

更多的時候，有人形容比喻婚姻就像一扇門。門裏門外，不同的人，用不同的角度引申出來不同的看法與意見，此種現象，實也無可厚非，乃人之常情。

有時候，身在門外的人，希望往門裏鑽，在門裏的人，也有偶爾羨慕門外的人；大多數的人，不管在門裏或門外，都能老神在在，相安無事，如魚得水，逍遙自在，自得其樂。

門裏門外，多少有着些許的距離，我原本一直如此認為。

深窺「做人難」、「人難做」及「難做人」的況味，所以，每當旁人問及應否結婚之人生議題發表高見時，我大都會見人講人話，見鬼講鬼話，以當事人的情況，順水推舟順着他們說話，以避免遭人反諷批評為「你結過婚啊！當然說結婚好。」或「你未結婚，當然潛意識裏所表現一種酸葡萄心理」之嫌。

然而卻在一個暮春時節的夜晚，鄰居小林讓我知道，門裏和門外，有時候，在某些程度上，也可以沒有距離。

拎着漱口杯及牙刷信步走到浴室間，準備睡前漱洗一番。撞見隔壁新婚不久，但仍住在單身宿舍的小林。那時，他正好也在刷洗剛吃過泡麵的碗筷，隨意寒暄：

「怎麼？剛剛自己做晚飯吃了？」

沒有正面回答我的問題，他突然冒出一句：

「你覺得結婚好不好？」我順着他說：

「當然好！它會使人對人生與生命有種更趨圓熟與完整的感覺與體驗！」

看看我，他接腔：「你知道嗎？我終於體會出前衛保組主任曾對我說過的話！」

「什麼是衛保組？」我首先不解的問，打斷了他的話。

「就是那個衛生保健組。」

「哦！我知道了！後來怎樣？他說了些什麼？」我問。

「結婚前幾天，我高興的打着如意算盤，當着面高興的對他說：『哇！結婚以後，就再也不用吃便當了，天天可以回家吃老婆煮的飯！』不料，薑是老的辣，他居然對我說：『難說！搞不好，本來是買一個便當，後來得買兩個便當！』哈！哈！他講的還真沒錯，被他不幸言中，現在婚後的我，還得真買兩份哩！一份還是騎摩托車送給在醫院上班的老婆吃。」

「只是買個便當而已，還好啦！」我安慰的對他說。

「什麼！」小林不以為意的反駁道：「那位主任還說『結婚前，是洗自己一個人的衣服；結婚後，搞不好，是洗全家人的衣服！』」

禮物

時序的節奏與秩序，將人們推向那漸近的、新桃換舊符的迎春時節。

這些日子以來，迎春微寒。

充斥於各商家攤位的各式各樣、五花八門、令人眼花撩亂的年節禮物，早已將豐年有餘和春意鬧的意象，排山倒海、傾巢而出般的表露無遺。

歲末年節喜味，漸沈漸濃！

一

看完電視夜間新聞，大嫂在臨睡前，方準備把趴在陽台上的狗，帶出去蹓躂、伸伸懶腰。

二姐這時也走近門口，回頭問我要不要也出去走走？

三個人加上一條肥狗，搖搖走走在那入夜少有人車的巷道與雜草叢生、垃圾處處的工地裏。

三人一路默默的走着，彼此無語。隱約中猜測：各想心事？還是大家忙累了一天，已經說不出話來？相互沒人知曉！

倒是我一直想和走在右手邊的二姐，提一件我今天一整天，老早就想向她提到一個人與一些事情，但在家人一起活動的環境下，苦無機會。

不過，還是嘴一溜，叫了聲：

「二姐！」

「嗯！」她若有所思的回了一句。

躊躇之中，我考量了一下，就再也沒有接任何的下文了。

漫長無際的沈寂。三人仍然是靜靜跟走在或停留在胖狗的後頭。

我私下暗暗好奇二姐為什麼不好奇的繼續追問下去，我想說什麼呢？

一分鐘後，二姐憑空劈頭問了一句：

「你看過×××這本書沒有？」

「沒有。」我也沒有接着問她問這幹嘛？

兩人欲言又止，終竟沒人再接腔，又回復到一片靜默。

已經走回到四樓公寓一樓的朱紅大門，二姐即時用力拽了一下我的右手，帶着肯定、沒有商量餘地的語氣說：

「走！我們倆再去散散步吧！今天在家一直沒動，不是看電視，就是坐在沙發上！」

我愉快、正中下懷似的心情，毫無保留，馬上回應着：

「好啊！」

太妙了，我這下可逮到機會，痛痛快快向二姐傾訴藏底已久的一件事了！

大嫂帶着狗回了家，我和二姐大步大伐的再度走在僻靜的巷道間。

這次，二姐的神情和十來分鐘前的情形，有着天壤之別。她以一種憋住已久如今終於解放的輕快、高昂的口吻對我說：

「剛才，不方便在大嫂面前，提到那本書的話題，是因為早年大嫂不知此事，又那個時候，她還不知身在何處，尚未過門呢！」

當二姐脫口說出那本書的作者是兵哥時，我吃驚的大叫一聲，告訴她，真是匪夷所思，我們倆人是心有靈犀一點通。君不知，早些時候，我隨口叫了一聲「二姐」，就再也沒有下文一事，也正是準備想提起兵哥的事。

那就是，前兩天的一個夜晚，在屋裏看報時，無意間在一份報紙副刊上，看到兵哥的文藝新聞，並刊出早年英姿煥發的相片於一角。

我之方才在蹓狗時，沒有繼續的說下去，也是因為不知情的大嫂在一旁，不方便啓齒之故哩！

「對了，二姐，他給你那本書了嗎？你看過那本書了嗎？」我追問着。

「沒有。他說那是好早以前出版的一本書，現今大概已絕版了！他手邊也沒有留一本。」

二

對於這一個撥雲霧而見日月，豁然明瞭兵哥是我們的共同話題時，立即觸發了那一夜，我和二姐在家附近散步時你來我往、勢不可擋憶往片斷的對話。

年青時的兵哥，我還有印象。高挺、英俊並摻着又自信、又憂鬱的雙重氣質。

那時候，小學五年級下學期。

某天下午，兵哥在眷村的巷口，叫住我。回頭一看，是他。我立刻自然的朝他笑一笑。

他攙着我的手，順着長長的竹籬笆路，穿過一大片油加利樹林，來到了常有人到那洗衣、洗菜的河邊。

陽光照耀下的，是眷村附近唯一一條蜿蜒的溪河。

河中的流水，淙淙地流着。

兵哥的語調、出乎我意料之外，甚為哀悽。

他告訴我，我一定要幫他一個忙——傳話給二姐。

穿着黃卡其短褲頭與白上衣的我，毫不遲疑的點了點頭。對當時的我而言，兵哥是「好人」，理由是有次二姐和他約會時，二姐帶着我這個小電燈泡和他們一起去看電影。兵哥當時「賄賂」買個奢侈不得了，棕色粗皮的大水梨，讓我歡喜快樂大啃特嚼的。這麼說來，如此不足掛齒、小事一樁的公差，我當然滿口答應下來。

好了，這下我身負送信人工作的，靜靜專心聆聽兵哥交待的任務。

望着落花，看着流水，兵哥開始兀自的說：

「你回去見到你二姐時，一定要告訴她，如果她不嫁給我，我就去當和尚，一輩子不結婚！」

「好！」雖然我聽的似懂非懂，有點早熟又全然天真小男孩的我，承諾的又是點點頭。

回到家，見到第一個人是母親。我全盤的一五一十的把兵哥交託我傳的話，傳誦一遍給老媽聽。

晚上，二姐回家時，我像錄音唱片一樣，又是轉了一遍。

年紀尚小的我，猶記兵哥帶着我到家後的溪河邊，傾心吐意，語真詞切訴說着他那痛不欲生、抑鬱糾纏的心事；掠過心湖的是有感兵哥的心懷，有如那身畔嗚咽的小河。情殷景切！

結果是，二姐不久結婚了，新郎不是兵哥。

（二姐邊走邊低頭聽着。）

接下去，三個寒暑後，我稍長大且進入中學二年級。

一天，在大操場上玩得正起興，有位綽號「眼鏡」的同學，氣喘喘的跑來告訴我說，訓導主任找我去一趟。

訓導主任？嚇了一跳，自問他老人家找我幹嘛？

一去，原來，被我們學生取外號「黑仙」的訓導主任，派我代表學校去參加一個文藝座談會。

那晚，進入座談會場，一看，坐在我們學生代表正前方的，不是兵哥嗎？

主持人唸到並介紹兵哥，他確是當晚主講人之一。

真是無巧不成書。

懷着說不出理由深深的歉意，我一路垂低着頭或斜視左右，就是不敢正視他，只求什麼鬼座談會早點結束。

他還認得出剃着屬於那年代學生標準髮型——清潔溜溜光頭的我嗎？

兵哥好像沒有去當和尚嗎？否則他人該在深山的廟裏才是，否則怎麼會出現在文藝座談會上呢？

他在會中說了什麼？沒有任何概念。忐忑不停跳動的心，只願快快散會，溜之大吉。

一宣佈會議告一段落，我也迫不及待的拔腿衝出會場外，怕有人跟蹤我似的，疾步快走在兩旁霓虹燈閃爍不停的夜道上。

三

二姐和我，依舊踏着濛濛月色。

這回，現已離婚的二姐開口了。

事實上，我們也有二十多年沒見面了！之前，有兩次在街上碰到。有一次，是和你那時的二姐夫，我頂着大肚子懷着老大，在街上散步的時候無意間撞見。後來，其實大家都像朋友一樣。

（二姐淺笑，甩了甩頭髮，繼續的説着。）

我這次從加州回臺灣度假，彼此也通了個電話。在電話裏，他説他的兒子已有一九〇公分高的個子。他也問了我的情形。我告訴他，我的女兒已結婚住在加州，信不信由你，我也已是祖母級的人物。我兒子則在北部一學院任講師教職。

我剛剛提的那本書，是他這次通話，在電話裏告訴我書名的。這本書，根據他説，是他早期的作品，裏面的敘述大都是以我為主及他婚前認識的女友們！

（這下，輪我笑出聲來。）

女友「們」？複數？二姐，我老實説我一點也不驚訝！怎麼説？大約在五年前，我人在加拿大時，一個寒冬周日的下午，坐巴士去學校文學院旁的圖書館。在一堆中文書架上，隨意取了一本文選，瀏覽翻閱，巧見兵哥寫的一篇散文。文章裏，他誠實承認他一生中最喜愛的三件事，他們分別是大海、寫詩和女人。

（講完後，我們姊弟二人不約而同的相視大笑。）

四

二姐要趕在年前飛回美國，陪伴女兒、女婿及外孫一起過年。

妹妹在迪化街挑選了些南棗核桃糕糖、松子軟糖、杏仁脆糖，給二姐帶回加州。

大哥、大姐也在新東陽及大黑松等店買了些年貨食品給二姐帶回去。

我獨自一人漫無目的走在擠滿趕辦年貨、行人如織的商街上，尋找點靈感，看看能送二姐什麼年節禮物。

經過賣銀柳枝、栽在青花磁盆裏代表吉利的青黃小橘樹、用艷紅塑膠彩帶打着蝴蝶結的鳳梨花、另花藝設計師巧思出萬紫千紅、風姿綽約的年節盆花的花苑。

路過賣除夕祭祖用的紅棗饅頭的一家包子饅頭店。大的賣八十塊錢，小的賣五十塊錢。

走過門前大賣迎春的發糕（發錢）、年糕（過年）、與蘿蔔糕（吃點心）的超市。

行過地上擺着不少盆賣水仙的7 ELEVEN店，又擴大器正大聲播放着絲竹鑼鼓，間隔咚咚鏘鏘之中國傳統年節音樂的唱片行。

不遠處，傳來收音機廣播訪問節目，仔細靜聽，是廣播主持人訪問一男港星，説着香港民眾如何過年。走向廣播來源處，才意識到我正站在一爿書店前。

看着排列滿櫃、滿架的新書、舊書、或暢銷書，腦筋一轉，何不買本兵哥寫的那本書給二姐當年節禮物？更何況，那本書主要以二姐為靈魂、為主幹的書。雖然那已是一本絕版書了，可是，我可以試試運氣！

走入書店，詢問可否買到兵哥那本書？

得到的答案是，沒有。

我不死心！

五

上緊了發條般，急轉直往重慶南路書店區的方向，一頭栽進。

年關前的書店及其騎樓裏，均是摩肩擦踵，寸步難行。

街道左右兩排的書店，不放棄一一進去，依二姐告訴我出版社名稱之專櫃中，逐本查訪那本書，找尋那熟悉的書名與名字。都落空！想着二十多年的書，早也絕版不再在市面上出售？

最後將希望放在號稱書籍齊全的金石堂書店。結果仍一撲着空，敗興而返。

由於找找尋尋，不自覺的，亦醞釀出自己對兵哥寫的那本書，充滿好奇，急願一探究竟！

重慶南路不是離國立中央圖書館很近嗎？央圖不是都會將當代出版社呈繳的新書一本，存庫保留嗎？

要是能在國家圖書館找出那本書，自己先睹為快，不也是挺誘人？說去就去。

沒幾分鐘，我人已站在央圖一樓大廳裏，中文目錄櫃旁。依作者的姓並書名兩個線索，希冀找出書來。

還是一無斬獲。

看來，最終一絲殘存的希望，亦盡消逝。

施施然走進午間難有的冬陽下，一臉茫然，不知所措。

不識一路上塞車之苦，回到家來。漠然呆望着客廳裏大水族箱中，游來游去的彩魚好一會兒。

精神忽振，希望重回！

怎麼那麼短路？我可以直接打電話給出版社查查看。

先撥一〇四詢問台，值班總機小姐告訴我出版社的電話號碼。

喜出望外，出版社的工作人員在電話裏告知，他們還有庫存兵哥寫的那本書。而且他們的社址離家只要坐公車七、八站即可到達。

依址按鈴，皇天不負苦心人，我總算從出版社人員手中，接過兵哥那本書。匆匆付了錢。

如獲至寶。

搭巴士回家的路上，我草草略翻了一下散文集，誠如兵哥當初告訴二姐所言，一半以上的篇幅、篇章，都有二姐的影子。簡略的看到兵哥所提，主要是老媽未首肯，於是他們兩人才分手。

讀到二姐的名字，探知些遺忘已久的往事，它對我而言，更像是一條回憶的河，溯水逆流溫習着人物、場景、童年，揣摩着那風花雪月、鴛鴦蝴蝶豐豐富富的斑爛情懷。

六

臺灣之翼，長榮航空晚間七時十分，自臺北直飛舊金山BRO18班機起飛前，我和妹妹、妹夫三人送二姐到國際機場出境海關進口處。

眼見二姐即將進關候機，時機成熟，趁機喊了一聲「二姐」。從西裝上衣懷裏取出一個包裝好的禮物，故作鎮定，平常不露痕跡的説：

「這是給你的新年禮物。現在不要拆，在機上再拆開。」

和往常一樣，二姐高興的道了謝，並答應待會兒再瞧瞧看。

她可能以為我送她什麼讀者文摘或講義之類的月刊吧！原因是，以往送她上飛機前，都會塞些月刊、雜誌、口香糖之類的東西在她包包裏，以便她在機上解悶。

看見不知情的二姐展露臨行前燦爛的笑容，前些日子苦苦沿街流浪尋覓之腿痠與疲憊，早就被攀升、漫開起釋然、圓滿的快樂情緒所掩蓋的無影無蹤。

七

和妹妹併肩坐在汽車後座，奔向返回臺北的歸途上，淡淡幽幽的思緒浮散着……。

當七四七巨無霸的客機飛翔在萬呎上空，雲層、山巔之上時，二姐看到兵哥的書時，是否會訝異我居然能把一本蘊含不同意義的絕版書，全新的呈現在她眼前？

兵哥的書，會喚起二姐對朝陽歲月的一段回憶？重溫、享受着花樣年華與心情？它會勾起二姐那段晶瑩之夢？它會叫人演繹、尋出人生真愛的真諦？

總之，深願二姐在漫長寂寞飛行的旅途中，在心扉掬一把早已久遠的少女情懷，在心田犁一畦深埋已久的青春。

卷三　瓜瓞綿綿

瓜瓞綿綿

好一個星期天的早晨。

屋外花園裏柏樹旁的桂花樹，正吐露着怡人陣陣的清幽馨香。在窗簷下的一排玫瑰叢裏，也發現多朵含苞待放的花蕾，與數朵已經正恣意、炫耀、怒放的鵝黃色、白色、粉色和紅色的玫瑰花。

手持着水龍頭，踩在柔軟、嫩綠的草坪上及幾塊間隔呈幾何圖形的石板曲徑上，聚精會神的來回噴灑着眼前的花花樹樹。

頭頂上的陽光灑晒，所帶來當初的暖意漸漸轉變成熱意時，才意味到灑水的工作該告個段落，是應進屋裏歇歇的時候了！

滿足、享受的啜飲了一口冒着騰騰熱氣的黑咖啡，整個人坐陷在柔暖、舒適的黑皮沙發上，安靜、休憩一會兒。

想起爐上正燉着已多時的滷牛肉，趕緊匆忙起身，飛快的跑到廚房去瞧瞧牛肉是否燒乾了？

回坐沙發上，翻閱份早報。

有人按鈴，開門一看，是久未謀面打從中部開車來的陳兄，登門造訪，敘舊一番。

老友相見，話匣子一開，口沫橫飛，意氣高昂，自不在話下。

瞥見剛晏起自二樓走下樓來的寶貝兒子。

望着、端詳着身材挑高但壯碩、結實，唇嘴上隱現青青微髭的兒子，得意自滿的介紹給陳兄：

「這是我們家寶貝兒子，你好久沒見了吧？」

「什麼？小雄長這麼大了？變樣了！我上次看到他時，不是才小學五年級胖嘟嘟、圓滾滾的嗎？」陳兄好好的睇視上下打量着寶貝兒子小雄一番。

此舉弄得小雄忽然間羞怯、侷促不安起來了。

「幾年級了？」

「馬上快升高二了！」小雄自己禮貌地回覆着客人。

不多時，若藍也獨自一人，留着昨晚鬧了一夜，如今睡得正香甜剛滿月不久的小民民在臥房裏，獨自從容地自三樓走下樓來，加入我們的寒暄、談笑行列。

一

一壺剛沏好的茶，配上盛滿着魷魚絲、瓜子及鮮果的瓷盤。賓主品茗濃冽清香茶水，愜意暢談、享用着。

談興正濃，直至小雄出現在眼前，跟我說：

「爸！我要回學校了！」

一楞，大惑不解且不捨的看着他：

「怎麼這麼早就回學校了？」

宿舍裏的同學尚未返校，何故急着走？

「人家要準備期末考，回校讀書啊！」小雄回答着。

期末考不是還有一個多禮拜才舉行？你昨晚才回來。前幾天不是也該在校準備了一點嗎？今晚吃完晚飯再回校複習也不遲啊！

無緣由，愈講，無名火愈一點點的上昇。不悅的嗓音相對的跟着提高不少。

小雄嘟着嘴，瞪我一眼，有點氣呼呼的走開。

一看他這種表情、這付德性，我就有氣又的確惹毛了我。要不是有客人在，真想訓他一頓。

朝着走了一半的小雄吆喝叫住：「你過來！」

顧不了面前的客人，口氣急轉為稍為婉轉另帶近乎少有懇求的口吻解釋着：「小雄，你知道嗎？爸知道你昨晚要從學校回家來，我心中有多高興。心中還惦念着，怕你學校的伙食吃不好，所以還特地為你燉了鍋滷牛肉。結果，誰曉得，你昨晚突然來個電話，說要和同學出去玩，晚點回來。等你到深夜回來，你也累的倒頭就睡。於是也沒空和你聊聊！」一口氣，拉拉雜雜講了一大堆。

眼看低頭不語，眼睫毛正一眨一搭靜靜的聽我說話的小雄，於是，我似乎更有意的將語調變得更感性些，接着道：

「今早，爸看你起床時，還念着，吃過午飯後，我們父子倆可談談天。畢竟，這兩個禮拜來，我們都還沒有見過面，老爸還挺想念你的啊！好不好，吃完晚飯再回學校？」

明顯地，小雄也軟化了，沒急着，陡然間，再沒頭沒腦的說要回學校了。安心的和陳兄繼續着彼此先前的話題與熱絡的氣氛。

在廚房、餐廳忙進忙出好一會兒的若藍，終於在紅木圓餐桌上，擺將起筷碗，一付午餐即將就緒的模樣、局面。

近午時分，烹調中的菜香，最是叫人飢腸轆轆、食指大動。一想到沒有多少工夫，就可享受美食，怎不令人心情為之一振？

咦，小雄拿着一團衣服，正往門外走去。

「小雄，你去哪？」我好奇，略帶緊張的問道。

「我去洗衣店去送洗衣服，也不可以啊？」

真不懂事，講話什麼態度？咕噥着，我只是好心叫你不要錯過吃飯的時候啊！

老話一句，要不是有客人在，準會好好責罵他一頓。

小民也睡醒了。為了抱逗他，也分散我心中的一些怨氣。

最後，還是悶着氣，陪着說，陪着笑，大夥吃個還算安慰、平安的午飯。

飯後，不多時，客人也告辭了，小雄也去書房休息、看書了。若藍抱着小民民，在一旁逗趣。

抽根煙，繼續喝着早上剩下來的咖啡。煙圈苒苒飄升。忽小忽大，忽圓忽散的煙圈，撲朔、迷濛，很輕易的不知不覺將人推陷入一種久藏甕底的回憶，屬於一些陳年往事的支離片段……

二

小時候，小雄長得肥呼呼的一圈，想起來，樣子也挺討人喜的。

當他上小學沒多久，小雄他媽有天告訴我，她要離開我。

頓感震驚、羞辱、憤怒與失望。

那時依舊年輕的她，對一成不變、平淡無奇的居家生活，終難抵擋不了外面花花世界的誘人、挑戰與心蕩神馳。

小雄他媽終把女兒帶在她的身邊，遠赴她想過的生活與世界。

不旋踵，我和小雄相依為命，正式成為單身家庭一族的族員了。

為了力求振作，我開始更加賣命、用心於房地產投資與廣告事業。當時，成天忙事業、忙接二連三的應酬，忙的天昏地暗。忙到居然有時忘了還在身邊的小雄。

眨眼間，他也已是小學四年級的學生了。

記憶裏，有天，發現皮夾裏怎麼少了一仟塊錢？

明明記得，昨晚將長褲留在浴室的衣架上，簡單梳洗後，就回臥房倒頭就睡。睡前稍微查看了下皮夾，除了數張信用卡外，還有兩張千元大鈔，為的是，待早晨醒來，在去辦公室上班途中，該在提款機領多少錢備用。

一早臨出門前，再次翻開皮夾，無意間竟發現錢少了。是不是小雄在昨晚趁我入睡時，動了我的皮夾，拿走了一張仟元大鈔？如今，他也去上學了，不在房裏，難以對質。

是他？不可能是他？

但除了他，還有誰？開着歐洲SAAB車，在人車往來的市區道路上，想着。

同時，理性的一面及時的提醒我：做為一個父親，我是不是也要負擔起更大的責任？畢竟，我沒有盡職陪他及管教他。

他現在是不是和一些壞朋友鬼混，學壞了？

每天，只會塞點飯錢給他在學校福利社吃中餐。晚飯大都叫他回離家不遠的爺爺、奶奶家解決。這樣在他生長過程中長期的缺席，對嗎？

這麼一轉，先前的氣憤，瞬間被虧疚掩蓋的無影無蹤，銷聲匿跡。

當晚，擋掉了一些應酬，早早回到家來。

在爸媽那吃了頓晚飯後，父子倆人一路上均不言語的走向回家的路上。

氣氛詭譎、凝重湧起。

洗把臉，換下西裝、脫下領帶，穿着輕便休閒服，給自己泡杯茶。

用茶水潤潤喉，清清嗓門，把小雄從二樓使喚下樓來，坐在我旁邊。

詢問他，錢包的錢少了一張千元鈔票，是不是他拿的？不准說謊！勇敢認錯、改過，一往不究；睜眼說瞎話，則已準備好的木板尺條，馬上侍候。

臉部的表情及音調、語氣，由平和轉進嚴峻，再轉出為緩和。莫非有意的讓小雄感受到事情的嚴肅性與知錯能改的全然諒解及原諒。

微低着頭，偷偷睨視着一張屬於幼小、膽怯、頗有悔意與羞怯的娃娃臉龐。

馬上覺得他也蠻可憐的。我也有錯，怎可忙的疏於關心、管教自己子女的日常生活起居和注意他們的行為？

小雄漲紅了臉，深垂着頭，點頭招供了。

如此一來，後續如何收場？曉以大義一番？或象徵性的打一下板子以示訓誡？

有了，我知道怎麼做了。

今夜，我要用禱告的方式一途，來匡正小雄的偏差行為。

「好吧！我們一起跪下來禱告上帝！」我起身並準備跪在沙發前，面向窗外滿天明輝星斗的夜空。

其實，小雄爺爺、奶奶是基督徒。他們倆老人家偶爾也會帶着小雄去參加星期天的主日崇拜與主日學什麼的。

我雖從小就常被爸、媽逼去參加教會活動，大都我會找藉口逃脫掉。及至有了小雄，我也不鼓勵他們帶小雄去教會。

如今，小雄不信且帶着不解的眼神，小心翼翼的看着我，然後，照着我的動作去做。

一高一矮、一老一小，兩人並跪着。

首先，用那慣有低沉、磁性的聲音開口解釋。

親愛的上帝，你好！我和小雄今天在你面前向祢祈禱。祢可能不認識我們。

一般來說，在世界上，彼此雙方一開始不熟稔時，他們都會自我介紹一番。今晚，跪在祢面前，我代小雄，先自我介紹我們兩個人。當然和別人作法行事一樣，包括我們的姓名、年齡、職業、住址。

接着，嚥了一口口水，趁機低看小雄的眼皮低垂，不敢抬頭直視，眼睫毛眨啊眨的。報了自己的名、年齡。說明自己住在優美山莊七巷五號。職業是飛翔廣告公司及大雅建設公司的總經理。

停頓了一會兒。繼續的說着。

在我旁邊的是小犬。報上姓名、年齡如儀。小雄，也是住在優美山莊，我們住在一起。至於他的職業呢？

故意的停了數秒後，故作平常狀與語調：「是『小偷』！」

其實啊，他是個蠻乖的小孩，只是一時粗心大意，拿了我皮夾裏的錢。但是我確信，他以後再也不會犯錯了。畢竟，小雄才不喜歡將來在職業欄上，冠上「小偷」兩個字哩！我們在這求你原諒他年幼無知。他會改過的！謝謝！阿門！

自從那次禱完告後，我這老滑頭幾次故意把花花綠綠的錢放在廁所裏、電視上，茶几上。但均是原封不動，不曾再短缺過，延續至今。

這麼說來，那次臨時想出的機動禱告，還真奏捷呢！

三

在外闖蕩多年，也疲了，也倦了。

擁有六棟房子，在年紀僅三十八、九歲之譜，我毅然決然的辭了手邊的工作，另決定和在廣告界服務的若藍，交往了一年多後，結婚了。兩人過着收房租及用傳真機和外界做做平面廣告的個案，日子倒也相安無事。

在小雄上國中二年級上學期時，有一天，級任導師意外的打了個電話給我，說小雄和幾位同學逃學在校外玩電動玩具被逮到了。

當晚，氣急敗壞的把小雄痛斥一頓，情急下，隨手用皮帶抽打、教訓一番。

在他又躲又求饒、哭哭啼啼的哭聲中，我警告他：

「下次再敢翹課在外游蕩去打電動，或放學後不早早回家，跑去打電動玩具，小心我會用板子打你一百下，聽到了沒有？」

自信經歷過這一次肌膚之痛的教訓，目睹我的嚴威與震怒，小雄鐵會乖乖的臣服吧！

確實父慈子孝了一陣子。一個黃昏，詫異小雄這麼晚了怎麼還未返家？開了車，去介於學校與山莊的一條商業街瞧瞧，是否他正在某個角落流連忘返！

不敢相信，不願相信，無論如何，我在煙味瀰漫、烏煙煒氣、震耳欲聾的電玩店，迅雷不及掩耳的逮到了正聚精會神眼盯着螢幕，享受着玩電動所帶來的樂趣與刺激的小雄。

冷峻喝道：「給我回去！」

小雄被我突然其來的臨檢與那道投射出來清寒、氣憤、賁張的眼光，嚇得噤若寒蟬。脹紅着臉，低頭不敢作聲，尾隨我身後，走出鬧哄哄的遊樂店，來到了大街對面的路邊停車區。

小雄知道這次真的闖下了大禍，凶多吉少，鐵死無疑。猜想着老爸待會兒要如何修理他一番。

世上的事情，有些健忘的快或早，有些健忘的慢或晚。不管怎麼説，此時此刻，坐在汽車後座，如坐針氈的小雄，不得不想起，上次因翹課溜去打電動被狠打的一景一幕。情景與感受，無不歷歷清晰呈現在眼前，重演一次。

那疼、那痛所帶來的辣痲燙熱感，不甚遙遠，記憶猶新。想到可預期不久將來的命運，外加狠揍後的劇痛及嘶喊大叫的責罵聲，所引伸出來的恐懼感，小雄整個人像洩了氣的皮球，也一時宛若癱瘓般，如準備上刑場待宰的小羊。一切顯得那麼的無望、散渙、與無助。

車窗外急速飛逝的景物，視若無睹，毫無關連與不具任何意識。

沒多久，父子二人一前一後進入屋內。

一進門，門被重重「砰！」的一聲關上。

氣沖沖的捲起白襯衫的雙袖後，匆匆緊促的在抽屜裏取出長長的厚木尺，眼前一晃，正準備狠狠的打落在小雄的身上時，小雄懾於我的震怒與爆滿殺氣重重的雙眼，他噗通兩腿跪在地上，兩眼淚如雨下的抽泣，抽抽噎噎並哀求大喊着：「爸，我下次真的不敢了！」「求你原諒我，爸！」

一時間，我呆愣住了。

面前這個跪着苦苦求饒，害怕哀啼的孩子是誰？他怎麼驚嚇成這付模樣？我又要幹什麼呢？

在那緊要臨界的關頭，心軟了下來。揚在半空中的長尺，本欲作下打的動作，猝然間，亦暫時凝凍住。

但是，先前和這兔崽子已約法三章好了。如果今天不處置，自己又如何自圓其說？難道就這樣的沒原則的輕易帶過？將來在孩子面前，哪有誠信可言？

一個主意，飛閃進入了我的大腦。

居然是，我拿着木尺條遞給小雄，並叫他站起來。

小個頭依舊啜泣不止，照着我的命令去做。

「你用這把尺，重重的抽打我的雙腳！」冷靜的指示着。

「爸！不要！」小傢伙更是嚇的比一分鐘前，哭的更淒慘，且猛搖着頭，滿眶熱淚。

僵持後的短暫安靜，我再度對着小雄揚起洪鐘般的失控吼叫：「你給我打，聽到了沒有？」

不敢抗命，這次只見一隻小手握着長尺，全身戰慄輕輕抽打我的雙腳。

「太輕了！重點！要用力的打，否則不算。」我狠狠無情的唆使着。

此時此刻，小伙子的哭，不是較早的害怕、驚駭，卻是轉變成一種極度的憂傷難過與傷心。傷了爸爸的心，更是刻骨銘心的傷了自己的心。哭聲，由幾分鐘前的聲張、哀求的涕泣，轉換為沈痛、苦澀、真真實實的痛泣了！

我為什麼叫你打我的雙腳？因為腳是最敏感、最容易痛的部位。

你今天不聽話，做老子的我也有責任，難辭其咎。兒子不聽話，父親有錯。錯，就得懲罰。既然如此，就由你來做這份懲罰的工作。

人是肉長的。用長木尺擊打雙腳，焉有不痛之理？腫脹混合着抽筋的陣痛及痛心。

我也終於潸然淚下，奪眶湧出，嘴角微微抽搐着。

一生當中，難得落淚沾襟啊！

一下一下，一板一板的算，足足打到一百下，才叫停。終竟咬着牙、忍了過來。

處在父子盡性盡情渲洩的飲泣中，彷彿彼此在內心的深處，有了清晰剔透的交集，有了赤裸裸的交心。汨汨地，默默地。

屬於澄淨的時刻，沒有了對，沒有了錯；沒有贏，沒有輸；沒有老，沒有小；沒有誰是父，沒有誰是子。有的儘是前所未有的、無言的父子連心。綿綿密密，難分你我。

四

還有，混小子考上高工一年級時，就住校。

還記得，一個周末，他風塵僕僕的趕回家來。

藏不住美好的秘密，他告訴，他喜歡上學校裏的一位女同學，他們兩人也已是有來有往，風裏來，雨裏去。

「我猜，她一定是你學姊，不是和你同一年級！」坐在沙發上，望着坐在左側的小雄，老神在在脫口而出。

「爸，你怎麼知道？」

當然囉！我不但這個可以猜對，另外我還可以猜，你學姐是位活潑、外向、主動的女孩；她的身高一五七至一六〇公分左右，並不高；她的臉準是個圓圓的月餅臉。

一聽，小雄以難以置信又要賴的口氣回我：「爸！你怎麼統統都猜對了？太恐怖了！好了，好了，不要再猜下去了啦！」

笑話，這還不簡單。你讀小學的時候，你媽就離開了你。你缺少母愛，對母親當然會有難免的懷念與依戀，所延伸出的戀母情結啊！

我也知道母愛難替代。所以，當我和若藍阿姨結婚時，我也不強求你叫若藍為媽，這是不能強求的。稱呼「藍姨」就可以了。

小鬼，有事想瞞你老爸？還早喔！

終歸，我吃的鹽比你吃的飯還多呢！

五

回神過來，環顧屋內。

不知何時，若藍忙着坐在另一張寬大、舒適的黑皮沙發椅上，專注、靜靜的用母奶餵奶。

憶起此時廚房水槽裏，想必堆滿着堆積如山待洗的碗、盤、筷、匙。

赫然起身，來到廚房大紗窗前的洗碗槽，拼拼乓乓的清洗、分類起碗筷來。

聽那清脆帶有規律碗盤碟的撞擊聲，腦海不曾停留片刻。仍舊有意無意的反省、回溯、思想着過去、現在、未來……

漸近人生四十而立大關的我，在人生的道路上，應算青壯年。

幸運的是年前年輕時認真打拼的資產，讓我現今無憂無慮。安居家中。

當然有不少人，包括若藍，叫我重新出發，東山再起，再做一番衝刺，更上層樓。

然不被多起的大型投資企劃案或合夥事業所動，執意的遠離那逢場應酬、虛虛假假，容易叫人感染上貪婪無厭的商場。

因為我老謀深算四兩撥千金一番，理解到創業、聚財固屬不易，急流勇退後的守成則是更難與需要更大的定力。

缺少了絢麗、姿彩。僅存波平如鏡般的清寒人際與清心淡慾。

甘於擁有平淡的生活，單純、寧靜的思想。無爭、平安就是福。

靜觀萬物，跎蹉歲月，明心見性，卻心不悔。

難免的，有時也會再度想到，對於我個人，生命與生活的終極意義又在哪兒？

如何去回答這個「問題」？

白花花的水自水籠頭裏流出來，嘩啦啦的沖洗着盤碗。

抬頭，卻見紗窗外，一片高到約一樓四分之三高度的灰色擋土水泥牆。

擋土水泥牆面上，佈滿暴露在外的顆顆呈半橢圓的石頭卵石。

再微往上瞧，行雲下可見高高的牆沿上，攀爬、垂掛些不少悦目的絲瓜翠葉、含苞或大朵的絲瓜花、及大大小小、前前後後、上臥下垂的纍纍絲瓜。

它們正昂揚孳長。

最愛瓜果滿架。愛它生之悦的景物與意象。

………………

耳際飄來若藍的喚聲：

「老公啊！小民民吐奶了，趕快拿面紙給我！」

「來了！我馬上就洗好碗了！待會兒打理完順便把濕手擦乾，就來了！」心想得趕緊忙完，把面紙給送去。

雙手不停加把勁的忙碌着。

詩經大雅中的詞句：「緜緜瓜瓞，民之初生，自土沮漆」及小民民不耐煩的哭叫聲，翩翩游入心海。

細細吟味、回味着詩經裏的詩句。

「答案」卻在燈火闌珊處？

頃刻，一種頓悟。

決定隱藏這份難得的領悟，將它留給自己。

迅速的將洗淨的餐具歸架，擰乾抹布。

再次抬頭，平視窗外，原本醜陋無比的大片灰色擋土牆面上的粒粒卵石，霎時，怎的忽然間，看來頗似優游水中的金魚們顆顆圓滾滾的凸狀眼球？

晴空如碧下的它們，像極了像似看穿我的心事，宛若頻頻傳來笑眼盈盈，為我慶幸什麼似的……。

其實，我只是簡單的想到了再也平凡不過，而如今賦予新意的「緜緜瓜瓞，瓜瓞緜緜。」

難怪

回國前，特地從加拿大蒙特婁飛到加州，在二姐位於灣區山景城的家中小憩數日。

某天的一個黃昏，和二姐在幽靜及綠意盎然住宅區附近，悠悠閑閑散着步，閒話家常。

不一會兒，兩人不約而同邊走邊注視着不遠處，一棵垂掛滿枝、飽盈誘人的檸檬果實的檸檬樹。我先不自禁的發出輕微讚嘆聲，一旁的二姐也平淡應和着。接下來是片刻的沈靜………。

望着那結滿青果子的樹，兩人沈醉在出神、羨慕的光景中。

「哇！真的是太好了！怎麼會結這麼多檸檬！」我說。

「是啊！我在這住了近十年，發覺老美好奇怪，他們很少摘或吃自家院中或路旁種的果樹所結的果子，任隨他們掉落滿地。」

「以前，多年待在印第安那州時，我也發現到他們確實如此。有時想想也真浪費、可惜的。」

終於走到那棵位於路旁的檸檬樹下。

二姐突然問我有口袋嗎？我算了一下，連披在身上那件單薄的外套（加州在夏季黃昏時，有時涼意挺濃的）共有四個。二姐二話不說，冷不防的逕自脫下鞋，爬將起樹來。她那突來的舉動，頓使站一旁的我給楞住了。下意識的，趕緊環顧東南西北、前後左右一番，還好沒有往來的人車。稍鬆了口氣。

她摘下看似成熟的顆顆檸檬往下扔，我在樹下接住後堆積在地上。有些她搆不到，這次小弟我有默契的自告奮勇且輕而易舉地爬上了樹。這次該我精神抖擻的往下扔，二姐在樹下接了。

沒多久，覺得差不多了，不要太貪心。爬下樹來，將這些果子往口袋裏使勁地塞。結果是，不但四個口袋告滿，我們兩人手上也握滿着大大小小的檸檬。兩人滿懷難掩的興奮，大聲的高談闊論，嘻嘻哈哈走向回家的方向去。

途中，我說我從小就在軍人眷村長大，平時就愛爬樹、玩彈珠，打紙牌，但很訝異二姐的身手何以步入中年四十好幾了亦是如此姣捷、俐落？敬佩之餘，隨口問她十二生肖屬啥？她得意的說：猴子！

胖瘦之間

早年，翻閱一本畫冊，看到一幅難以忘懷的傳統人物風景國畫，那就是石濤自畫像。

畫面上瘦骨嶙峋、飄逸脫俗的石濤，使得當時年輕氣盛的我，對他頗有一點認同之處，那就是從小到大，一直都是瘦筋巴骨的，從沒胖過。自認，命中註定，我一定會從小瘦到老。換句話說，入老境時，我肯定還是會和畫中的石濤一樣瘦巴巴的。

在有記憶以來，從未為了太胖，而有不敢吃什麼，深怕增肥的煩惱。幸運的是，一直都口無禁忌，想吃什麼就吃什麼，五花肉、巧克力、甜點等，能吃多少就吃多少。一路倒也相安無事，沒有胖起來過。

每次和未曾謀面的人因事要見面時，大抵我都會在雙方約定見面地點後，很篤定告訴對方，容易認出我的特點：「反正，在一群人中，你看到一位高高瘦瘦，排骨排骨的，準是在下！」這倒也屢試不爽，少有失誤。

年初，大夢初醒般警覺到，雖然我及週遭人還是認為，基本上而言，就臉、手、腿看起來仍是個標準的瘦子，但腰圍上卻悄悄的多了圈贅肉。

此等震驚，非同小可。大徹大悟，反省檢討一番，畢竟我也常慢跑及走路啊！怎麼會多出一圈肥肉來？冷靜推斷，可能是吃得太貪了外，也是到了該胖的年齡了。

所以說，任何事不要說的太早及太絕。瞧，誰說我一輩子不可能胖的？

然而卻有個不是問題的問題困擾着我：我現在到底算胖還是算瘦？

上個星期，好友毛弟撥個電話到研究室來，一直鼓吹我去山城的鄉下看他及他的妻小。

盛情難卻，加上，想到可以在他們家二樓客房的窗內，看到藍天、白雲與嫵媚黛綠的青山，及享受山居的寧靜悠閒，於是，欣然搭火車、穿越山洞直奔山城。

毛弟知道我要來，熱情的親自燉了一鍋豬腳。毛妹也沒閒着，也準備了些生魚片等海鮮食物，期待有個豐盛的晚餐。

見面時，毛弟體貼剛生了個小壯丁的毛妹，於是搶着做飯、熱菜外，飯後更是自告奮勇的又是洗碗、切西瓜的。

在廚房的水槽旁，陪着毛弟做事、聊天！

不禁打心底稱讚及開毛弟玩笑一番：

「你好賢慧，又是洗碗，又是切西瓜的！」

他機靈的一轉，馬上回我一句：

「你好賢慧，又會吃豬腳，又會吃飯！」

牛頭不對馬嘴，雞同鴨講後，兩人大笑！

笑聲未竭，隨即岔個話題，娓娓道出我的最新困擾：

「我胖了！」

「沒有，你瘦瘦的，怎麼會胖呢？」

「有所不知，」我努力解釋着：「我全身是骨頭沒錯，但胖在腰圍上一圈贅肉！」

這不是很矛盾嗎？看似是個瘦子，但又胖了，胖瘦之間，不知何屬？

手中仍然忙着不停切西瓜的毛弟，想了兩、三秒鐘，平淡無事領悟的回道：

「噢！你說你現在是全身排骨，外帶了個『游泳圈』？」

卷四　雨中的杜夢灣

雨中的杜夢灣

一五二一年，葡萄牙航海家麥哲倫（1480—1521）發現了關島。

一九九四年，二月初春節期間，第二波冷氣團寒流，據氣象報告，即將侵襲，逗留且籠罩整個台灣島長達四、五天的時候，我們一行四人，從台北中正國際機場，登上美國大陸航空班機，翩然遠征、觀光旅行太平洋上興味深濃、環礁圍繞的南國樂園——關島。

我們想好了在密克羅尼西亞群島中最大的島嶼追風，在終年處於熱帶氣候的島嶼逐浪，任那外滯喧雜的心情，得以隨興眺尋、飛躍。

一 美麗的錯誤

啓程前，台北的旅行社建議，來關島，一定要租車沿途遊覽、欣賞南島的鄉村小鎮與山林原野，所披露的自然趣味與野味。

來到關島第二天一大早，我們男女四人，已駛着租來的車，取道一號公路，再左進四號公路，迎向朝陽，飛馳在世上獨特的珊瑚礁碎粒與柏油混合做成的南島公路上。

關島的南部地形，大抵是火山溶岩所形成。

一路上，風和日麗。

椰影、蕉影不時的在車窗外飛逝而過。

坐在駕駛的旁邊，手中忙着在地圖中翻找，以第二次世界大戰後，一位日本逃兵 Yokoi，隱藏了二十八年而聞名的托魯佛佛瀑布（The Talofofo Fall）。

途中的依番海灘，留有我們的足跡與笑顏。

一閃眼，到了依娜拉罕灣，才驚覺到我們已錯過要進入瀑布的彎道。

折回再找，仍未看到顯著的標示牌。不過，意外的從車窗外，看見在路旁林中的一棵樹幹上，掛有一個小木板，上面寫着：「Tytai Beach」（娣泰海灘）。

小黃當機立斷表示，瀑布待會兒再找，先停下車，鑽進娣泰海灘瞧瞧。

它是一個私人海灘，因為你要經過一幢白木房的院子，才可到達屋後的海灘。

正在洗車的年輕金髮女主人，示意我們可以進入海灘玩賞。

一個迷路的錯誤，即使讓我們沒有到達原先想去的瀑布，卻偶然的無心插柳柳成蔭。撞見了令人屏息、讚嘆不已的美麗沙灘。

一片如水晶般的海水，一片纖細，柔軟的白色沙灘。

沙灘上厚鋪數不清的細砂、礫石與小長條狀的珊瑚。岸邊岩石下方，爬了不少隻馱着美麗小海螺的寄居蟹。拿在掌心上，笑顏觀看，爬得你一陣酥癢。

此情此景，更勝於曾去過的夏威夷、峇里島、及泰國海灘。近看遠眺淺灘深海的景觀顏色，是灰白，是靛藍。中間的水域，是青綠。離岸赤足走進大海約六十公尺遠，水位竟仍在膝蓋下方。頭頂上的晴空、太陽，清亮溫煦。男主人和朋友在淺海水中打水球。右方的無人岩礁小島，近在咫尺。風平，幽閒，目樂。

親臨娣泰海灘，捕捉難忘的大自然寫真與表情。天人的共鳴，僅在剎那間。我們四人，興奮、重覆、誇獎不停的說：

「這真是一個美麗的錯誤啊！」

關島的北部地形，基本上而言，是屬於由石灰岩所形成的平原。平原的邊緣為斷崖。

來到關島的第三天一早，我們駕着黑色日產小汽車，奔向北島，一睹情人崖的風光。

情人崖，據當地的傳説，很久以前，有一對查莫洛族的年輕男女，彼此山盟海誓，你我情相繫。未料，雙方父母極力反對，以致男女二人相偕從三七八英尺高的斷崖殉情。

至情人崖的正確方向，應該是一條公路岔路左轉。誰知，四個人傻呼呼的沿着道路一直開下去，結果來到情人崖下的一個海濱公園。

問過路人，方知我們早已錯過目標。

沒有生氣，沒有懊惱。

抱持着，反正出來渡假，有的是時間；出國旅遊，最好隨處看看，才看得完全些。

既來之，得安之。我們立意順着小公園旁，汽車慢駛在顛簸不已的小卵石黃土路上，被引到一個一排椰影搖曳，白花飄香、高聳的林投果樹與數株巨大如傘狀的麵包樹旁的一個隱蔽海灘。

有幾個擁有健康膚色的當地小孩，在一片長方型的淺土色的沙灘上，推推扯扯玩着球。

打球的一小塊地區外，沙灘全都是擠滿了難以致信素雅、自然、醉人的貝殼、珊瑚條塊粒。

朋友説，他發現，同濱太平洋的台灣海島上的年輕學生們，每天忙着喘不過氣來的功課，補不完的習，上不完的才藝輔導課，百分之八十以上都掛着眼鏡，或打電動玩具或玩電腦遊戲或竟日盯着電視看，以消磨、娛樂。同臨太平洋的關島，其島上青少年們，無不洋溢着微笑、活躍與生意。

沙灘邊，有當地一家人，在周末搭了一個簡單的帳蓬，露營野外。他們用乾樹枝、鐵架，碳烤着從海中釣上來的鮮魚。

聽說，夜間，他們則用乾椰子的厚粗纖維皮，來燃燒驅蚊蟲。

一瞬，樂見淺海中，有露出水面一大一小岩礁。屁股坐在高岩石上，雙腳放踏在低礁石上，手中拿着一本未看完的小說，在陽光下，在海中聽着海潮湧來退去的濤聲，加上入耳的海風聲，心甘情願樂意讓兩隻光腳丫，被海水濺濕中，繼續意猶未盡的閱讀者。

又一次，該轉彎而未彎的錯誤，使我們能謝天謝地的與另一奇美無比、隱蔽鮮為觀光客知道的海灘，邂逅相遇，適我願兮。

當然，我們四人又是讚不絕口的說：

「這又是一個美麗的錯誤啊！」

關島的中部，是商業、行政和旅遊業的中心。

我們下榻在島中塔穆寧市（Tamuning）的關島皇宮飯店。

第四天晚上，在飯店附近不遠的時時樂餐廳，享用豐富的牛排、海鮮、沙拉大餐。

餐後，朋友們擬驅車開往GIBSON商店，買棒棒糖為回台送小孩子們的禮物。

天黑認不太清路況，開着車又轉錯街道。

識認出錯誤的街道旁，見到一家像似裝飾獨特、別有風味的墨西哥酒吧。

棒棒糖先擱一旁，我們四人，沒多久，也先後走進酒吧。

坐在旋轉高腳小圓椅上，點着琴湯尼酒。週遭的客人，有人在看電視球賽，有人聚集圍着咖啡桌在玩牌，有人在談話，有人在聽音樂，有人做個獨自沈思者。

放鬆心情，難得的淺嚐小酌一番。愉快的海闊天空、天南地北的閒扯淡。

喝完了第一杯酒，四人又點了一壺沾有新鮮草莓味道的Margarita酒。手邊也不停的將墨西哥薄脆餅，吻些紅辣醬送進嘴裏。

近午夜，微醺的走出酒吧。

吱吱喳喳的在回程車上，你一句我一句忙不迭的讚歎說：

「這也是一個美麗的錯誤啊！」

人生當中，有些錯誤，悔不當初，遺憾終身；有些錯誤，知錯能改，善莫大焉。

旅遊中的偶發迷路錯誤，如果不本着時時處處扼腕、抱怨，反而能帶着隨興、隨遇而安的心境，有時，的確不難有出乎意料之外，柳暗花明又一村的全新視野體驗與嚐盡美麗。

二　關島，你的名字是友善

散發着大自然、非人工匠氣的天然氣息，是關島吸引人的地方。

親切、友善的關島人民，更是令人心曠神怡及著迷。

我們一行四人，還曾小人之心度君子之腹，私下猜疑，陌生關島人那麼熱情、體貼幫助的時候，是不是想拐騙我們的美金或旅行支票？或想從我們身上得到什麼好處？

為了尋找古橋與古西班牙要塞，把車停在一個路邊海濱公園旁，問路去也。

只見幾名大漢，忙着將大片大塊的生肉沾滾上烤肉醬，忙着生炭起火，一副準備一頓美味可口的烤肉大餐。

問了其中一位男士，我們要達到目的地該何去何從？

名叫喬的那位男士，熱心的點出行駛公路的正確方位外，附帶的在地圖上，標示出其他值得我們去參觀的據點。

到一個國家去遊覽，不光是走馬看花的急忙趕路，從一個觀光點到另一個旅遊點。它應該，如有可能，也包括了偶可和當地的居民談談天、說說地，以瞭解其人民與文化之初貌。

喬說他是一位雕刻藝術家。雕刻的材料包含了關島之樹IFIL木、獸骨、火山岩石。這些天然材料，經由他的巧手，刻出件件民藝品。去海邊撿拾、收集貝殼，也是他的工作與樂趣的一部分。

臨走時，喬說如有需要，他很樂意帶我們於明後天，去一些鮮為觀光客知的閑美海灘，充當響導，並殷殷交待，如去古橋、要塞後，再回頭來吃烤肉。當日的野外家庭烤肉派對，是為了慶祝他小姨子的生日而舉行的。

我們又迷路了。

站在與可可斯離島遙遙相望的馬利洲城渡船口，又是不齒下問，請教一位膚色黑亮的壯漢。他不但耐心的告訴我們現處的方位及去向，當得知我們都已餓的找不著飯館吃飯時，他更是「人溺己溺、人飢己飢」刻不容緩的回到他屋內，幫我們打電話給附近的餐廳，查看他們是否營業。

情人崖下的問路、央人點指出迷津之過程中，也是另一位關島當地居民，特地開着他的汽車，領我們走出迷途，微指情人崖正確方位後，才調頭離去。

又有一天下午，下車在南太平洋紀念公園內遊走一會兒後，小汽車又再度開在北島的公路上。

行車間，點子奇多的小黃，臨時動議開離公路，駛進路邊一小社區的入口小徑，觀看一下濟哥城（Yigo）民房、院落，探探一般島民日常居住的一面，何嘗不好！

放慢引擎，緩緩前進，以便瞭解兩邊民宅民居的情形。

愛喝椰子水的小黃，發現有家民宅庭院內，有兩棵吊懸不少粒圓滾滾，看似成熟的椰子。

當他異想天開的表示要敲門問問主人，我們是否可以吃他們樹上長的椰子時，我嚇到叫他別鬧了。

不過，「鳥為食亡」在所不惜的致理名言，用在小黃身上，是差不多行得通。

他走下車，敲門說明願望。

一位手抱着小嬰兒的年輕媽媽，立刻展顏點頭同意。不久，年輕媽媽的媽媽也從屋裏走出來了，兩個小毛頭尾隨其後。

祖孫三代，看着我們用萬能刀，困難不死心的，想在堅硬如石的椰子上鑿洞飲汁時，那位年輕的祖母，二話不說，默默快速的走回屋內。

當她再出現時，手裏竟拿着專門砍椰子用的厚刀及一袋裝有紙杯與紙巾的塑膠袋。

還沒完，那位祖母磨刀赫的走向高度不高的椰子樹，她在樹下，沒兩三下，就斬下五、六個新鮮的椰子。

笑着再用刀削了一個口，指點我們可用紙杯喝汁，用紙巾擦嘴擦手。

滑稽的一幅圖畫，我們四位台灣來的觀光客，求圖新鮮，大言不慚的站在他們院落的青草地上，喝起椰汁，刮起乳白椰仁吃將起來。

他們老老小小滿足，滿心歡喜的看着我們吃吃喝喝。

不知何以為報。事不遲疑，趕緊地在車內的座位上下或背包內，翻看有什麼東西可以給他們做紀念。

幸好，找到從台灣帶來的一袋醬油瓜子及開心果。看來，我們只好以這袋充數的零嘴相許了。

臨走，他們告訴我們，下次來關島時，再來他們家玩。我們各人也留下台灣的電話號碼、姓名，盼他們有天也能前去台灣觀光一遊，並來探望我們。

一路上，朋友們猜着，關島應該沒有重大的犯罪，因為他們良好的社會福利。做奸犯科，付出的代價太高，得不償失又犯不著。又小黃的小舅子發表高論：

在這沒幾天的工夫，以管窺天，以蠡測海，讓人可以感覺到他們政府為人民所做的體貼入微公共設施及人際之間的相處，無不流露着都是以「人」為中心、為主，而非利字當頭。

年平均溫介於攝氏二十二度至二十八度之間的關島，環境保護良好、沒有污染、不帶一絲工匠氣。

它的華麗海底世界、天然的海岸表情、青空、綠豐、多彩的礁石、繁茂的熱帶植物、珍鳥、潮風、魚貝、島影與魚影。

它可以曇花一現的忽強風、忽風散、忽藍晴；它可躍動、可寧靜；它的流暢、嫵媚，是如此的款款動人。

位於北緯十三度，東經一四四度的關島純樸、友善的島民，是這個南國之島風情的另一項寶貴資產。

太平洋中密克羅尼西亞群島中的關島，其自然環境與景觀正如其居住的人民一樣：

自然、簡素、可親、友善、脱出。

關島，你的名字是友善！

三　雨中的杜夢灣

起初想走行人步道，到附近的杜夢灣（Tumon Bay），涉海漫步和看海灘上的貝殼。

走至櫃台探路，出乎意料的，服務員告訴我，由於我們住的皇宮飯店後，雖臨阿加尼亞灣（Agana Bay），不巧，不是銳利傷人的珊瑚礁石，就是險浪。它不似其他觀光飯店旁，多為觀光遊客可親水的海灘，所以，飯店有一項派門僮開着旅行車，免費承載飯店客人去離杜夢灣不遠宜寶海灘公園的服務。

正中下懷，一來可免一面走路、一面問路之麻煩不便，二來還可免了車錢。當場選擇了馬上就將有的下午一時四十五分及下午四時，去返免費接送至杜夢灣的服務。

這家旅館從早上六點四十五分開始，一直到黃昏五點鐘，來回接送住宿的客人十一班次。每次的間隔約為四十五分鐘左右。

一位屬於太平洋島嶼棕黑膚色的年青門僮，禮貌的拿着時刻表，向我解說，我雖然去宜寶海灘公園，事實上，順着海邊一直走下，也就是約十家大型休閒旅館林立、沙灘綿延的杜夢灣了。

宜寶公園位於希爾頓飯店與太平洋島嶼渡假村的中間一個定點。

途中，應酬幾句後，自顧定神盼顧車外的風光。

前兩天，興奮、好奇的和其他三位朋友租車，沿着南、北島公路消遙行。

今天，我決定自己留下來，享受旅館的休閒設施以值回票價，又可獨自輕鬆，誰也不還就誰，隨興到不遠的白色沙灘看海、戲水。

近午二時，在杜夢灣海灘上看去，天空在淺烏黑的烏雲籠罩下，飄灑下疏細的綿綿小雨，附近少有遊人。

平視眼前雨中的海水、沙灘線、遠處礁崖、天空，它正像一幅簡單佈局的寫意渲染的水彩畫。

頭戴一頂螢光亮黃色的帽子、身著T恤、寶藍色海灘短褲，肩背深藍色的背包，手拿着一雙托鞋，身披白色大浴巾，淋淋不愁帶有酸雨的雨絲，難得有着蘇東坡「何妨吟嘯且徐行」、「一簑煙雨任平生」的雅興，沒有急忙狼狽躲雨，只赤足、坦盪任意的走在雨中的杜夢灣。

呈帶狀綿延，波平不深的杜夢灣，有兩點不似其他我們前些日子去過的沙灘。它的海岸邊上，從頭到尾，浮飄或擱淺着墨綠色的海藻。另白色的細沙灘一望數公里之遠，卻少有貝殼與珊瑚。

雨中，僅有三兩遊人，縱躍清澄透明的杜夢灣中，快樂的拍打海水或游水。

走在淺海灣水中，眼睛不忘盯着腳下，盼能看到漂亮貝殼的願望，終不果。

睜眼張目，隱見色似白色沙灘的娃娃小海魚與小海蝦蟹。

擦身剛營業開張不久的關島凱悦飯店，順道參觀了他們靠沙灘充滿南國氛圍造園的花園。巨籠中，養着不同的大彩鳥與大白鳥；有熱帶熱鬧、鮮艷奪目的羽毛，也有一身純白的鳥羽。熱帶叢林裝飾的花園內有奇石、人工瀑布、奇花異樹、游泳池，目不暇接。

未曾坐下歇腳，一口氣從杜夢灣的頭走到尾，以近一小時五十分鐘的時間，完完整整、不留遺憾的在紛飄的雨絲中，走它一遭。回到公園原點，也已是下午四時四十五分了。

綿綿小雨方歇！

門僮安東尼奧，也提早十分鐘，開着白色旅行車來接我回旅館。

在車上，為了打破沈悶，彼此努力着找點不痛不癢的話題。

我隨意、漫不經心的問了一句：「你在關島生的嗎？」

原來，安東尼奧是三年前才從彭納貝島（POHNPEI）來關島工作的。

它在哪？

他笑着説，你可能在地圖上找不著！

試試看。我自然地表現出極大興趣，歸根究底的追問着。

彭納貝島是密克羅尼西亞群島中之一員。

密克羅尼西亞群島涵蓋着從PALAU岩石島到彭納貝島的NAN Madol遺跡；從塞班島的海濱斷崖峭壁到Chuuk島的海底驚奇；彭納貝島的東北邊有夏威夷，西北邊是關島，東南望KOSRAE島。

安東尼奧口中述說着自己的故鄉，整個人相形也顯得自然、活潑的多了。

君言，他的故鄉是美國管轄區。他也算是美國公民，所以現在才能在美國領土之一的關島土地上工作。

彭納貝島上居民，要求美國准許他們以自己的人民選出、擁有自己的總統領導人，並改名為FEDERATED STATE OF MICRONESIAN。此邦聯原則上是由四個島嶼組成：彭納貝、CHUUK、KORSAE及YAB。首府設在彭納貝島。

彭納貝可分為六大行政區，他們是SOKEHS、KOLONIA、NETT、MEDELE-NIMW、KITTI，和非常有趣僅有一個英文字母U的行政區。

島上的住民，熱愛海上的泛舟、打魚、雕刻。他們大都為自食其力的自耕農，自己耕種所需的糧食與水果。

他還說，彭納貝島的人們吃飯時，長桌上擺滿了長長一排各種不同的食物。

我沒有問他，是平常如此？還是喜慶宴會如此？它們都是美味食物，還是一般食物？

這些變得不重要了！

兩個陌生人，在一個不得不的機會下，彼此交談了一會兒，學習到對方的家鄉與民俗外，又在極短的時間內，輕而易舉的也培養了一點點友誼和不多但交心的熟稔。既然如此，你難道好意思不給點小費，以示旅人對來自太平洋群島中一辛勤敬業青年的敬意與謝意？

下車前，躡手躡腳在皮夾裏掏出兩張一塊錢的美鈔，以備下車時交給來自彭納貝島的安東尼奧。

不分種族，不分文化，就人類而言，果真「見面三分情」！

四 台北中正國際機場

美國大陸航空八二二班機，終於費時近四小時，橫越大片太平洋水域，正飛臨台灣島的北端。

坐在隔壁的朋友自言自語，看着機窗下的藍海、土地、火柴盒的民房說：這是基隆港。

語出，霎時，前後座認識、不認識的人頭鑽動，一陣騷動，歡欣爭相引頸鳥瞰機窗外白雲下才分離五天的家鄉。

五天前，當飛機直入雲宵，擺脫了浮雲下的台灣海島時，心中快樂的直想大叫，哇，終於拋開了難忍的污濁空氣、惱人的因公共交通設施規畫不善所帶來的塞車之苦與偶有堆積的垃圾。

五天後，當飛機飛入台灣領空，僅需瞥見島嶼一角，心坎深處難掩因要回家所帶來的歡喜。正如機上那位港籍年輕女性空服人員，也感染着整個機艙內旅客們無形有形的喜悦，邊走着檢查我們是綁好降落前的安全帶的同時，邊笑着用廣東國語説：「回家囉！」

迅速出關後，坐在從中正國際機場開往台北車站的國光號客運車上，安靜等待後續上車的乘客，陸續上車入座時，車上駕駛座旁的收音機播着宋省長接受訪問，他強調並呼籲人民，不要非法過度人與天爭，濫墾、濫伐山坡地，以維護島內天人和諧相處的環境與自然生態。

天生演員難自棄

虛掩着門後，腳步不久也蹣跚的踱在户外的雪地上。

踩在堆積的雪花已結成薄冰的冰面上，一個腳印，一個深窟窿。

月華冷冷地傾瀉於大片冰地上。

映着月光的大地，配上疏疏幾盞熒熒街燈，和那稀落的人車，將聖誕夜前夕學校SHEIDLER宿舍附近的夜，襯托的華輝亮光但些許的淒清。

幸好，室外沒有揚起寒氣逼人的颯颯寒風，難得了無寒意。

看來像似冷落的夜，內心卻是盛盈着熱情，期待「雪中松毬落，松下撿拾樂」。穿過數棵光禿禿，僅剩張牙舞爪、橫生向天的枒杈枯枝。最後，停留在一棵愈冷愈常青、常翠與常綠的松樹下。

急忙的在樹上或冰雪地上探拾些松毬及攀折些帶綠的松枝回去，好放在今早我在門口的公共大鐵垃圾箱旁，拾起別人丟棄的一個銅盤上。無非希望擺設一些松毬、松枝於家中，以增添歡渡聖誕節的趣味與光彩。

我怎麼會有這種興緻與雅興，跑在皚皚冰雪上尋松枝探松毬呢？事出有因。

事情是這樣的。首先，還沒有一個譜，到底那年的聖誕節是要如何渡過？留在本地的招待家庭或前房東先生、太太的家裏作客？去加州二姐處？和朋友一塊兒出遊？加入美國同學家裏的聖誕大餐？報名參加全美教會為留學生舉辦的INTERNATIONAL CHRISTMAS PROGRAM國際聖誕節活動？藉由此活動，可填寫志願，擬赴美國東、南、西、北部某些卅的城市鄉村裏，與一些基督教家庭及當地的教會社區共過聖誕假期？

尚未決定假歸何處的一個晚上，我那位阿根廷籍室友約翰建議，當年過節期間，何不試着不受任何美國家庭的邀約，去大啖他們的聖誕大餐。咱們今年變革一下，換句話說，不出遠門，留在小鎮裏的數位外籍學生們，自己籌備一個耶誕聚餐。

一向在不關痛癢的小事上沒主見，渾渾噩噩，被人牽着鼻子走的我，當然是好說話，雙手雙腳應和着。

接下來是約翰老兄忙着擬出邀請人頭的名單。並確定那些人將蒞臨寒舍。

沒多久，各路人馬的臉孔浮出檯面。他說有六位賞光之士。除了兩位是他的同胞同為阿根廷人的理查和瑪麗亞夫婦外，另有奈及利亞、波多黎各、緬甸、美國等朋友們，約好在聖誕夜，他們都將各帶一道菜，來我們所住學校的公寓赴宴。

二十三日從學校研究室回到住所，驚喜的在宿舍區前一巨型垃圾鐵櫃旁，看見一棵約一公尺半高新綠的聖誕樹。這還不打緊，樹旁還有兩個圓型的大銅盤。

準是有人剛好在聖誕節前搬家，要不原本留在小城過節，於是乎，興沖沖的去買它棵高大漂亮的樹應景，後來可能改變計劃，赴他處過節，留下樹與早欲丟棄的兩個銅盤吧！

別人的「垃圾」，極可能是我們的「財富」。

擊掌稱好。立刻馬不停蹄的來回兩趟，把樹與銅盤抱回屋內。

由於邀請接洽客人的工作，從頭到尾，我都沒參與、過問，為了彌補一絲的內疚，於是自告奮勇的告訴室友，我來稍微做些屋中佈置的工作好了。

於是乎，在那個聖誕樹從天而降，得來全不費不工夫的晚上，稍事休息片刻，喝喝吃吃之後，須臾之間，室友駕着他的福特小汽車，我們一起去超市想買一串五光十色閃爍的小燈泡，準備用它盤掛在聖誕樹上，妝扮一番，以迎佳賓。

當兩人手忙腳亂在客廳的一角，忙着用幾塊空心磚和一些粗繩索，以固定聖誕樹及將彩燈披纏在樹上時，嗅到飄香濃得化不開的陣陣松香，連帶的，更嗅到了年節的味道，焉有不喜？一喜也！

又喜滋滋的想到，這株美麗的樹，居然是不費吹灰之力，免費檢到的，焉有不樂？二喜也。

雙喜臨門。

因佈置聖誕樹，而提帶起高潮的快樂、美妙的情緒時，不嫌累的，一個人從暖洋洋的屋子，直趨不帶寒意卻帶冰涼的雪地上，希望找些松毬，放滿一銅盤上，另配上幾枝綠松枝，這不也是一種耶聖裝飾嗎？

這就是為什麼我在聖誕夜前夕冰天的夜晚，獨自一人在雪地上留下蹤跡處處。

在幾棵不太高的松樹上及雪地上，尋尋覓覓。

然而，總是嫌找不著又大又飽滿，呈橢圓完整的咖啡色松毬。看到的，大都是略帶青綠、細長型狀尚未長好正在發育的松果。

青小總比沒有好。

結果，抱了一堆青硬細長的松毬回去，配上松枝，放入盤中，作為節慶的點綴。

第二天的聖誕夜聚餐，在華燈初上時登場。

賓主心情暢快的大口嚐着彼此做的好看、好吃、又營養的食物、生菜沙拉、甜點、水果，大口喝着我們為客人預備的飲料與白葡萄酒，說說笑笑，聲震屋脊。

天下沒有不散的筵席。近凌晨時分，我們才意猶未盡、鳴金收兵，互道平安與祝福。

就是因為宴會太成功了，每個人當晚都很盡興，難忘不已。以至於一星期後的陽曆新年，那對阿根廷卿卿我我、如膠似漆的理查、瑪麗亞夫婦，嚷着要再來我們的寓所，一起熱鬧的過年。

好客的我們，當然求之不得他們的大駕光臨。況且，他們夫婦倆又是約翰的好朋友，三人混在一起，整天西班牙文嘰哩瓜啦的沒完沒了。雖然我進自己房間看書或留在客廳看電視的時間居多，但我能理解與接受他們全時間的西班牙文講個不停。因為每有台灣同胞來，同樣的，我們一堆人，也是滔滔不絕，享受着大說特說中文的樂趣。

新年晚餐後，為了讓他們三人邊用家鄉話談家鄉事，邊吃冰淇淋甜點，我自願清洗飯後的餐具。

打發他們到沙發、電視區，去好好享受飯後不必沾手油膩碗碟叉刀，快活賽神仙的適意。

可以感受出那對夫婦和室友，很感謝我如此賣力幹活。

他們在聊些什麼？我從不去注意。其間，只聞約翰偶傳來的笑聲。

洗碗的工作大致告成。順便把積留在水槽內的菜渣、飯粒，扔入旁邊的垃圾桶。

約翰叫我，一回頭。

他解釋，他們剛才在聊天，他對他們說我秘密養了一個不為人知的寵物，那就是一條蛇。

什麼？養蛇？你無聊。這開哪一國玩笑？我有點不悅，卻僅悶在肚裏，想想，新年期間無事，他們隨便異想天開尋樂吧，也就不好意思立刻澄清表明。

約翰接着又說明兩分鐘前的情形是這樣的：理查和瑪麗亞夫婦坐在沙發上，聽到屋內不知何個角落，突然間發出嗶嗶剝剝的聲音。

他們二人驚異迷惑的問，是什麼聲音？

一向唯恐天下不亂，童心不滅的室友，旁徵博引敘述說到，他們聽到的聲音，實不相瞞，是我的寵物蛇，在垃圾桶裏襯底紙購物袋裏遊動的聲音。

看到那對阿根廷夫婦露出驚愕與被嚇到的表情，又見到坐在他們一旁，偷偷對我做個鬼臉，面露快按奈不住得意笑臉的約翰，明明白白這一遭，我被室友設計了。

不過，忽然間，本人有點氣惱約翰，他怎麼可以向他的朋友們編造關於我這麼一則玩笑！這豈不把我也劃入怪人一群了嗎？最不應該的是，天曉得，我不怕蟑螂、不怕老鼠，最怕蛇了。我哪敢碰它？不要說碰，一看到蠕動的它，我會三十六計逃之夭夭為上策。

阿根廷室友太過份了！心中略有微辭。

氣中生智，突然腦際靈光一閃：你既然愚弄我，我這次就順水推舟，來個「我真的養了一條蛇嗎」的懸宕，來愚弄你的朋友們，你不要後悔，看看我這不好惹的台灣郎。

胸有成竹。

從幾分鐘前客氣禮貌待客，到臉色一變。

不消說，一轉頭，怒目朝向約翰，以一種秘密被人揭穿的窘態及尖厲隱帶着激動的語調：

「我告訴你，我告訴你（是的，加強戲劇張力，我重覆兩遍哩）多少遍，不要告訴人有關我養蛇這檔子事！」

一發不可收拾，戲劇順當的發展下去，繼續說道：

這又不是什麼光榮的事！別人不見得會認同我養這種動物的嗜好啊！你叫我將來怎麼在蒙西小鎮做人？另外，理查和瑪麗亞如果說漏了嘴告訴別人，我豈不羞的不敢出門了？你這個人怎麼這般水泥腦袋？早先不是一而再，再而三，不厭其煩的提醒你，不要告訴別人嗎？如今，你叫我怎麼辦？你倒說說看……最後雙手揚空，雙肩一聳，不以為然摻雜着委屈洩氣般的嘴臉，仰天吐出「My God！」（我的上帝）一詞結尾。

室友適時面帶歉意，及時插入一句：

「啊！真對不起！我一時說溜了嘴，我不知道，你對此事會如此反應過度。我保證，我下次不跟任何人洩露了！」

他還真會假仙，還再演。

既然如此，誰怕誰，咱們騎驢看着唱本，走着瞧。

我只有再發揮精湛的演技一途。馬上裝出一副不敢苟同且受到創傷的神情，衝回去：

「什麼下次不説！問題是，你今天已經和理查及瑪麗亞説我養了一條蛇了。他們雖然一直是你的朋友，但是，請搞清楚，幾個月下來，他們也已經是我的朋友！事到如今，我拿什麼臉再和他們坦誠相對？他們一定會嚇壞了。下次見了我，說不定，離着我遠遠的。」

自己也吃了一驚，臨時還可以一口氣如機關鎗般掃射，嘩啦嘩啦編造出一長串的台詞！

四人這回又聽到了嗶嗶剝剝的聲音。

理查和瑪麗亞一看我吹鬍子、瞪眼睛的鬧場罵街，兩人不約而同的流溢着怕我生氣的臉色，夫婦倆面帶勉強擠出來尷尬欲解圍的假笑，安慰我息息怒：

「其實，那有什麼關係！約翰他不是故意的。你放心，我們不會跟別人講的！」

理查首先挺身而出，幫他們的同胞約翰說情。

顏面上泛着淺淺的紅暈，顯出不好意思，讓我發火的瑪麗亞，沒閒着，也為我當晚一直數落他們的朋友約翰美言幾句：

「你放心，我們又不是三姑六婆之輩，不會張揚出去。另外，蛇，也是一種寵物嘛！人各有志，蛇雖怪異，只要有人願意養。也……也蠻好的！」

看他們夫婦緊張的怕我生氣模樣，我反而有點難為情的想放棄這場由約翰點燃起的玩笑鬧劇。

終於，我以一種投降淺笑的姿態，看着室友及夫婦倆，室友也笑了！我和約翰兩人默契一致，笑得更開！暗示着，沒事啦！只是跟你們開玩笑的。奇怪，他們夫婦倆居然看着我們變換的表情，仍然沒有會過神來。都如此明顯地笑得洩了是場玩笑的底，還無法識破。內心不禁搖頭好笑。直嘆他們倆人還真易騙！

一看局面如此，室友和我，一不做，二不休，狡滑的繼續將咱們難得發揮的演技，一唱一和，好不隨心所欲、淋漓盡緻。

深夜已至，送他們夫婦倆至門口，慈眉善目的向他們道晚安。不可思議的，他們倆臨走前，還不忘好言相勸，安慰我一番。

關上大門，算準他們已走到一樓的時辰，我和約翰終於忍不住，痛痛快快捧腹大笑不已！

得意的回味不久前我們兩人演戲默契一流。急轉重現剛才一幕一景，愈說愈是餘味無窮，詼諧不已。

笑飽，笑夠了之後，室友補充説，我還漏了些漏網劇情。

原來，他老兄在我洗碗時，就繪聲繪影講古説，我有一次把那條長蛇放在浴缸裏，不料，蛇貪玩，順着浴缸裏塞口，三兩下身體滑溜進去。約一半的時辰，我看到了，急忙的手抓着仍露在浴缸裏的半截蛇身，使盡了力，咬緊牙硬是把頑皮貪玩的長蟲給拉回來了。

夫婦倆一聽這樣的敘述，嚇得半死，眼露不敢相信之神色。

另外。當我和約翰你來我往演戲爭吵的時候，夫婦倆恐怕我氣過頭，特用西班牙語，坐在沙發上小聲的提醒約翰不要再和我頂嘴了，免得我會在氣頭上火上加油！

聽完，不覺好笑。幫個忙，我哪是個氣包子？

最後，兩人才想起來一件最重要的事情，即是，那嗶嗶剝剝到底是什麼聲音？

我問，他不知。他問，我不知。

我說，當時我也覺得奇怪及起了一會兒雞皮疙瘩，毛骨悚然。但旋即一想，沒事的，沒什麼大不了的。捉弄人才為當務之急。

聰明靈活的室友，巡視客廳一下，驚奇恍然的推敲，是不是銅盤上的松球作的怪？

我這才走近那盤松毬，凝視一會兒，可不！原本青澀細長的松毬，待在溫暖的室內好歹也一星期了。現在一些松毬漸慚成熟、擴大嗶剝脹開來，毬內的松子們也會從內彈跳出松果外，落在其他松毬上或銅盤的四週。

恍然大悟！原來如此！

沒錯，我們站着又聽到從銅盤裏傳來嗶剝的聲音。

第二天，陽曆新年初二，我和室友開車去印第安那亞波里斯市的巨型室內籃球場，看場精彩的NBA美國職業籃賽。是印第安那州PACER隊對德州隊。

臨進場前，我們在市區的一家速食店裏，簡單的吃些漢堡、薯條、可樂以充飢。用餐時，不自禁的，講話的內容又全是昨晚滑稽好笑的傑作。陣陣嘻笑聲，此起彼落。

室友口裏一直讚佩我信手拈來的故事與演技。

我告訴他，一生當中，讀大學時，只上過校內音樂館表演舞台上演過一次戲。那時，我被派演一個成天不是喝酒就是昏睡的醉漢丈夫。我的台詞前後不到二十句。哪像其他演員同學們，各個哪不是又臭又長的英文句子。更妙的是，終劇時的我，我仍是處於昏醉沈睡中！所以說，我那時的角色，一點也不複雜，詞兒又少，較好打混過關。

紙包不住火。問題倒不是別人，正是約翰自己本人。

時序初春，事隔數月，室友忍不住和盤托出我們得意的惡作劇。

想不到，這次輪到理查和瑪麗亞生氣了！

他們兩人砲口一致對準我這台灣郎，怪我欺騙、愚弄他們。

我奇怪他們怎不怨始作俑者的約翰？怎麼全落到我頭上？果真胳臂往裏彎？

不管怎麼講，這次，輪到我歉然起來！

理查和瑪麗亞照往常，時來串門。但總覺他們有點不似以前熱絡親近，自然、沒有距離的相處。

事實上，當初的鬧劇，還不是你們自己同胞約翰起頭的？要不然，我哪會有驚人之作？一個銅板敲不響啊！

這一樁養蛇事件，確實蘊藏了阿根廷夫婦倆誤會我的心結！

縱使心不甘，只能莫可奈何！

對彼此間的情誼，我也變得意興闌珊了！

一晚，他們夫婦倆又來登門造訪。沒有做陪，我回自己的臥房兼書房看書。

再度打開房門，出去上洗手間之際，猜測他們可能感覺到，我畢竟還是住在這屋頂下的主人之一吧！

姑且虛與委迤一下，理查禮貌性的問我一句：

「你要來點可樂嗎？」

他們三人正在喝着可樂。

心一轉。意氣用事告訴自己：好，你們說我演戲騙得你們團團轉，以致你們不再相信我。今兒個，我就讓你們一個機會。我講一個顯而易見不可能的事實，你們總不會相信吧！反正你們已經不相信我！

這回，我客氣的氣定神閒，清風明月很快的回了理查一句：

「噢！不！謝了！我剛吃了點迷幻大麻藥！」

這次，在你們已有防戒之心的情況下，應該不至於再相信我說的任何話了！

尤其是這個聽起來有點牛頭不對馬嘴，子虛烏有的瞎掰。唯有如此，才可突顯出極高的不可能性。

再次掩門入室。

第二天中午，從學校回來，約翰一進門，就神采飛揚，不敢置信的口吻告訴我，理查和瑪麗亞夫婦居然信以為真，我天天在嗑迷幻藥哩！

拜託！幫個忙，行行好！迷幻藥長什麼樣？我是一點概念都沒有。又如果有人真的嗑藥吸毒，哪會無聊笨的四處張揚，唯恐天下不知？

啞口無言！

第一次的惡作劇，信以為真，也就算了。

後來，他們有了防心，反正以後不相信我講的話。

第二次，我知道前後他們不再相信我，於是我離譜的亂講一遍，他們總該不至於再相信我講的這個謊話了吧！

心底，我實則是希望彼此能以平常心交往，掙回往日的友誼。

誰知他們還是相信我所說出極易辨識出來的玩笑謊言。

總之，不甘寂寞的約翰下個結論，奧斯卡應頒給我一座最佳男主角獎項！按照約翰的說法，當年演「雨人」而出爐的金像獎影帝達斯汀霍夫曼，實在不能和我相提並論。

百口莫辯，欲語還休。

有點好氣，又有點好笑。

情不自禁的想到莎士比亞的一句名言：「人生如戲」。

真真假假，假假真真。

打群架

初春的黃昏，意識到天際竟也依舊清亮照耀如午時。

心閒意適地走在朝向梅谷邊、梅湖附近的楓林小徑。手嘴忙着咀嚼、吸吮幾分鐘前，飯後剛在清大小吃店水果攤，買的一袋洗切好的淡黃新鮮鳳梨與一袋清香味美的芭樂汁。

遙見，早已有不少人已站在梅湖邊看看天樹、欣賞湖水和水波平靜湖面上正游水、嬉戲的鵝群。

水清露見紅白花三色相間脊背的數條大尾錦鯉，無視可能被白鵝的扁平利嘴啄食，相安無事的消遙在鵝影中、鵝掌下。

好一幅平和、寧靜、幸福無邊的畫面：人也好，水禽也好，近樹也好。

湖畔的人影，此時，多了一個我。

老的、年青的、年幼的，臉龐上無不自然盪漾着生活中難得的絲絲喜悅，還有那近乎不醒人事、醉人的陶醉。

湖水陡掀起波浪。

好端端的，說時遲、那時快，一隻白鵝竟不知何故跨踩在另一隻大白鵝身上，之外，又用它那扁平鵝黃的鵝嘴，毫不留情大力、嚴厲的猛啄被踩在下風的鵝頭。

不斷被踏踩被啄頭的白鵝痛的湖水中浮浮沈沈哇哇狂叫，終忍不住，只是將頭完全潛於綠水，但它又擺脱不了騎在背上的大鵝，於是，你看到的是，重疊直立的兩隻鵝身，一隻鵝嘴死咬另一隻一直將頭潛在水裏的鵝頭不放，東竄西流，無處可遁。

不到一分鐘，另一隻看似打抱不平的水鵝加入行列，一躍跳上原本鴨霸的鵝身上，這回，該第三隻鵝啄咬在它身下先前意氣風發的白鵝頭頂不放。

旋即，大出意外，另一隻湖鵝毅然飛跳上第三隻白色白鵝的身體上，也是如法炮製，不鬆口咬着第三隻的鵝頭。

還有幾隻旁觀不動聲色的鵝。

彼時彼刻，天下大亂。

看着重疊直立的四隻鵝，嘆為觀止的在眼前划東游西的，水濺四方，鵝叫四起，戰況激烈，難分難捨。

有好長一段時間，驚訝它們無顧圍觀的人們，不輕言罷休，絲毫沒有掛出免戰牌的意思。

我擔心的是第一隻掩頭於湖水中的鵝，經過一段不算短的時間，被三隻肥鵝壓身，支撐着身負三隻大鵝加起來的重量，又驚嚇的鵝頭仍掩在水中奮力游來游去盼逃一劫，好久沒換氣，可別被溺斃了！我杞人憂天的憂慮着！

我忍不住脫口而出：

「快把頭浮出水面來，否則被水淹死了！」

隔着幾人之旁的一位年輕人，面帶不可思議的神情，笑着說：

「哇！打群架！」

怎麼這麼久，還沒打完架？不免再度為被壓在最下面的水鵝叫屈。

無人干涉以終止此一群鵝們突起的衝突。

我們少見多怪，不敢相信狀似平和的鵝群中也有爭端、爭戰！都好奇正目睹着未經排練，自然而上演屬於大自然的一齣即興武打戲？

終於等到久久黏在一起打鬧不休的四隻鵝，漸漸游開來。

好景不常，好戲尚未結果，完全落幕收場。

忽見，一隻略帶灰黑鵝毛的鵝，不放棄緊追游在它前方較肥壯的白鵝。

被追的大鵝快速十萬火急的游向湖邊。

一上岸，肥鵝一搖一擺，一幌一跌的跑向左邊方向，逃之夭夭。

體積略小、體格精壯的灰黑斑點的鵝，猛追在後，幾秒鐘之差，也游至岸邊，衝跑上綠草如茵、花木扶疏的湖邊。事不疑遲，也是一個左彎，奔追正在逃跑的大白鵝。一前一後。前面的鵝向左，後面的鵝不會向右。眼前兩隻搖擺、疾走的鵝身。忍不俊，忘卻激烈的戰況，眾人笑看。剎時，鵝嘴、鵝掌與鵝身，整個看起來，都是那麼笨拙、可愛起來。

被追的幾乎喘不過氣來的大白鵝，又朝向人群我們這個方向來。而短小精幹、略帶灰黑羽毛的鵝有毅力、鍥而不捨的踩着節奏性、左搖右幌的步伐，亦步亦趨，尾隨其後，好一付追殺不懈的志氣與神情。

他們追跑過我們的身邊，一反常態不畏人類，穿梭於人群腳跟前後，忽右忽左，又上斜坡，又跳入湖中。

眾人的眼光，隨着這兩隻鵝的追逐戰，流轉四面八方，無不神露稀奇、逗趣之目光。

另一方面，每個人的神態上，又像似大抵流露出何事如此計較？鵝事糾紛是為了哪一樁？值得彼此反目成仇，非要置他鵝於死地？天下本無事，庸鵝自擾之？

當那兩隻鵝再次登岸時，才在潛入其他三三兩兩的鵝群中，兩鵝的恩怨，陡然地如那雲淡風清般，像是什麼事也沒有發生過，煙消雲散了！

原本站在湖畔擬欣賞日落前寧靜無爭湖光山色的大人、年輕人、小孩的民眾，竟不期而遇飽覽水鵝打群架及彼此相互追殺喊打、流竄四方的鏡頭，而張口結舌。之後，隨着驟然的西線無戰事，終至曲終人漸散。

離開梅湖時，瞥看掠過身旁，正準備超越我，走向前方的一位青年學生模樣的男士。他的側臉正透露着毫無保留難以相信、忍俊不禁、搖頭燦然微笑的神采。

同樣的，我也是帶着相同的心境，一言不發，默然的卻已走在那一片蒼茫的暮色中。

沒有懷疑過大自然生物界中物競天擇的定律與事實。

尚未遺忘現實世界中人際間的錯綜複雜與眾生百相。

不知怎的，不久前的那一幕嘶聲力竭，陷入激烈戰況打群架的鵝群，及一前一後窮追猛打的水禽雙影，恍然看似熟稔，因而無端牽動心弦一陣，勾起悵惘一絲！